ECDL PROJECT

PLANNING

Con Microsoft Project 2013

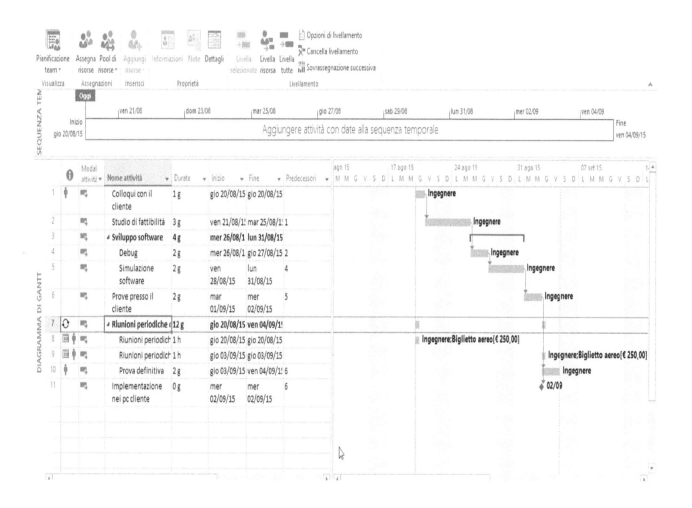

Gemma Ferrero

Ecdl Project Planning

Con Microsoft Project 2013

Di Gemma Ferrero

Sistemi operativi di riferimento

Windows 7, 8.1 e 10

A tutti coloro che, come la sottoscritta, hanno deciso di sostenere la certificazione di Ecdl Project Planning, sperando che il presente libro possa risultare utile.

Nota dell'autore.

Il presente manuale vuole essere una guida per la certificazione di Ecdl Project Planning.

Come applicazione software, il libro si basa su Project© 2013, della Microsoft© e, come sistema operativo, Windows© 7, 8.1 e 10.

Alla fine di ogni capitolo, sono previsti degli esercizi pratici e delle domande che, comunque, in nessun modo si deve pensare possano capitare in sede di esame.

Sul sito Ecdl.org sono presenti delle simulazioni dell'esame.

Si fornisce, di seguito, l'indirizzo:

http://www.ecdl.org/programmes/index.jsp?p=2928&n=2947

Nel testo, inoltre, per richiamare l'attenzione del lettore su alcuni aspetti, si è utilizzata la parola "Attenzione" o "Nota", seguita dalle relative spiegazioni in grassetto.

Buona lettura!

Sommario

Concetti di base

Nozione di "progetto".

Il PMBOK (Guida al Project Management Body of Knowledge – Guida al PMBOK, quinta edizione, 2013, pronuncia "pimbok"), definisce il "**progetto**" come "**un'iniziativa temporanea intrapresa per creare un prodotto, un servizio o un risultato con caratteristiche di unicità**".

Da questa definizione si ricava che il progetto non è un'attività di routine o ripetitiva, come le operazioni, di cui un tipico esempio sono gli stipendi pagati ogni mese, gli ordini dei clienti, le spedizioni, le revisioni sulle prestazioni degli impiegati, attività che si verificano per tutto il ciclo di vita dell'azienda.

Il progetto, invece, è un'attività temporanea ed esclusiva.

Temporanea in quanto **ogni progetto ha una data di fine**; pur potendo spaziare la durata da pochi giorni ad anni, una fine è necessaria per differenziare il progetto dalle operazioni.

Esclusiva, in quanto **ogni progetto genera un prodotto unico**, vale a dire il risultato finale del progetto, il motivo del perché si è intrapreso.

Si pensi, ad esempio, alla costruzione di un palazzo, all'organizzazione di una festa, alla pubblicazione di un libro, alla costruzione di un ponte o allo sviluppo di un software di contabilità aziendale.

Tutti obiettivi esclusivi e con differenti durate.

Esempi di prodotti non esclusivi, invece, possono vedersi nella benzina prodotta dalle raffinerie, trattandosi di un bene di consumo standardizzato.

Coordinamento di attività, tempi e risorse.

La realizzazione di un progetto implica, inoltre, un'attenta attività di pianificazione e controllo, sia prima che abbia inizio il progetto che durante lo svolgimento dello stesso, al fine di accertare che tutto si svolga secondo i piani stabiliti.

La gestione del progetto, infatti, non è un'attività semplice e lineare, ma implica il bilanciamento ed il coordinamento di quelli che sono considerati **i tre vincoli** principali **del progetto**:

- Il **tempo**, vale a dire la data di scadenza del progetto (ad esempio, la costruzione di un ponte entro la fine del prossimo anno o lo sviluppo di un nuovo software di contabilità entro 2 mesi);

- Il **costo, non solo in termini monetari** ma anche come le **risorse del progetto**, intese come le **persone, le attrezzature ed i materiali necessari allo svolgimento dell'attività** (ad esempio si deve organizzare una festa con un budget di €. 1.000,00 o dipingere una stanza con solo un operaio).

- **Lo scopo del progetto**, i suoi obiettivi. Gli obiettivi possono essere suddivisi in due categorie:

  o Gli **obiettivi del progetto** che, come detto, indicano la ragione del progetto stesso, lo scopo, ad esempio la costruzione di un palazzo;

  o Gli **obiettivi del prodotto**, intesi come le qualità, le caratteristiche del prodotto: il palazzo che si deve costruire (obiettivo di progetto), non può superare i 20 m (obiettivo del prodotto) per vincoli urbanistici.

Il c.d. "triangolo del progetto"

Lo scopo, il tempo ed i costi rappresentano i vincoli principali che il Manager di progetto (o Project Manager) deve saper bilanciare per far fronte agli imprevisti che possono verificarsi nella vita di un progetto.

Si parla in proposito di "**triangolo del progetto**" per indicare come la modifica di uno dei tre lati influenzi necessariamente gli altri due.

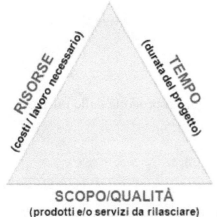

Figure 1 Il Triangolo del Progetto

Ad esempio, la data di scadenza del progetto viene anticipata per cui per realizzare il progetto occorrono più risorse, quindi un aumento dei costi.

Alternativamente, qualora non si potessero impiegare più risorse, si dovrà agire sugli obiettivi, valutando se un risultato di qualità inferiore (da realizzare in minor tempo), possa soddisfare comunque il cliente.

Oppure, se gli scopi del progetto subiscono una modifica (ad esempio, anziché un palazzo se ne debbono costruire due), occorrerà aumentare le risorse per rispettare la scadenza, od entrambe se la data di fine del progetto può essere spostata.

Tutte valutazioni che deve compiere il Manager di progetto o Project Manager, secondo la terminologia inglese, definito nel PMBOK come "**la persona incaricata di guidare il gruppo responsabile degli obiettivi del progetto**" attraverso determinate fasi.

Nella manualistica c'è chi parla di esagono del progetto, in quanto i vincoli sarebbero, oltre allo scopo, tempo e denaro, le risorse, la qualità ed il rischio. Per seguire il Syllabus, se ne considerano solo tre. Si rimanda, comunque, per un'analisi più dettagliata, alla bibliografia citata alla fine del presente manuale.

Le fasi del progetto.

Le fasi principali nella gestione del progetto sono tre:

- Avvio e pianificazione del progetto;
- Esecuzione e controllo della programmazione:
- Chiusura e comunicazione delle informazioni relative al progetto.

Nella manualistica specializzata, non sempre si parla di tre fasi, ma di quattro in quanto la seconda fase è suddivisa nell'esecuzione del progetto, da un lato, nella fase di controllo dall'altro. Per rispettare il Syllabus, si indica la suddivisione in tre macro fasi, che, comunque, comprendono, al loro interno, ulteriori sotto fasi.

Fase di pianificazione

Nella fase di pianificazione del progetto, il Project Manager deve formarsi un quadro generale del progetto, individuandone gli obiettivi, anche contattando coloro che hanno commissionato il progetto stesso.

Equivoci per mancata comunicazione possono portare a superare i limiti di budget, a non rispettare le scadenze o ad un fallimento dell'intero progetto.

Si pensi allo sviluppo di un software di contabilità dove non ci si informa sulle caratteristiche del parco macchine del cliente, anche in termini di potenza ed età.

Ciò potrebbe portare allo sviluppo di un software non utilizzabile perché i computer del cliente non sono dotati delle risorse hardware adatte.

Sempre in questa fase, il Project Manager deve iniziare a suddividere il progetto in attività o, meglio, in sequenze di attività, legate in vario modo le une alle altre nel raggiungimento degli obiettivi del progetto, oltre che di differente durata.

Il Project Manager deve, inoltre, individuare le risorse necessarie al progetto, intese come persone, attrezzature e materiali necessari nonché i costi del progetto al fine di valutarne la compatibilità con il budget stabilito.

Fase di esecuzione

La fase di esecuzione e controllo riguarda il progetto avviato e la necessità di accertare che tutto proceda secondo quanto stabilito per apportare tutte quelle modifiche che si rendessero necessarie.

Non si può ipotizzare, infatti, che in un progetto non ci saranno ostacoli o contrattempi e, anche qualora tutto vada bene, il Project Manager deve saper affrontare e risolvere ostacoli ed imprevisti.

Si pensi ad uno sciopero dei treni con conseguente ritardo nella consegna di alcuni materiali necessari al progetto.

E' indispensabile, pertanto, che il Project Manager salvi una previsione del progetto, fotografando la situazione prima dell'inizio effettivo, onde confrontarne gli eventuali scostamenti dalla versione originaria.

Altri compiti fondamentali in questa fase sono il monitoraggio dell'attività delle risorse nello svolgimento dei compiti assegnati, ed il controllo del progresso delle attività per intervenire in caso di ritardi.

Fase di chiusura e controllo

Terminato il progetto, il Project Manager deve comunicarne i risultati ai soggetti interessati o *stakeholders* tra i quali, in primo luogo, i clienti, ed i superiori se il Project Manager lavora all'interno di un'azienda.

La comunicazione delle informazioni non deve riguardare comunque, solo la fase conclusiva, ma deve essere sempre presente durante tutta la vita del progetto anche perché, di fronte ad imprevisti od ostacoli, il progetto potrebbe non potersi più realizzare.

Si pensi, nell'esempio della costruzione di un palazzo, ad una delibera comunale che stabilisca dei vincoli paesaggistici nella zona interessata per cui sono ammissibili solo costruzioni di villette su due piani, o alla scoperta reperti archeologici nel terreno su cui si dovrebbe edificare.

Altro importante compito, nella fase di chiusura, consiste nel creare un modello del progetto concluso, sia per avere una base di partenza per futuri progetti che per far tesoro delle "lezioni apprese" individuando ciò che è andato bene e ciò che è andato male.

Anche un progetto rivelatosi un fallimento, infatti, può essere preso a base per migliorarsi in futuro, individuando il momento nel quale si sarebbe dovuto agire tempestivamente per non ripetere, in analoga situazione che si dovesse ripresentare, gli stessi errori che hanno portato al fallimento.

I vantaggi nell'utilizzo di un'applicazione di Project Management.

Un progetto, come si è visto nei precedenti paragrafi, implica lo svolgimento di una molteplicità di attività, che si registrino date di scadenza, che si considerino risorse e che si tenga conto di eventuali vincoli.

Per fare tutto ciò, il Manager di progetto deve ricorrere ad un'applicazione di Project management.

Si potrebbe obiettare che a siffatte attività è sufficiente un'applicazione di foglio di calcolo o di video scrittura.

Tutt'al più una base di dati per memorizzare i vari elementi. Queste applicazioni, però, a differenza di quelle dedicate al Project management, incontrano dei limiti:

- Non consentono di calcolare la data di inizio e di fine di un progetto;
- Non consentono di indicare quali risorse sono occupate, o quali sono sovrassegnate od occupate meno della loro capacità;
- Non indicano date di scadenza;
- Non forniscono dati sulle spese sostenute;
- Non forniscono rappresentazioni per immagini, quindi più comprensibili dell'andamento del progetto.

Ai fini degli obiettivi del presente manuale, il software di riferimento è Microsoft® Project 2013 che, entrando nello specifico dei vantaggi che assicura:

a) Nella fase di pianificazione

- Crea varie fasi e sotto fasi del progetto in modo da suddividerlo in segmenti gestibili;
- Indica durate diverse per completare le attività, durate con le quali aiuta a creare la programmazione;
- Stabilisce collegamenti tra le varie attività e i relativi vincoli, di modo da informare sull'esistenza di conflitti di programmazione tra attività alcune delle quali debbono iniziare non prima di altre o dopo delle altre, o finire prima o non prima di altre;
- Imposta risorse assegnandole alle attività calcolandone anche i relativi costi;

b) Nella fase di esecuzione e controllo, Microsoft Project:

- Salva la previsione del progetto originario;
- Permette di segnare l'avanzamento dei lavori indicando la percentuale di completamento;
- Permette di effettuare confronti tra le varie versioni del progetto anche per accertare ritardi e scostamenti dal budget;
- Genera relazioni, report sull'avanzamento del progetto, sui costi e sulle risorse per comunicazioni periodiche;

c) In fase di chiusura:

- Permette di salvare il progetto in un modello generale come base per i successivi progetti;

- Consente di avere parametri certi sulle durate e sulle sequenza di determinate attività in generale, ottenute dai dati del progetto nello specifico.

Visualizzazioni predefinite dell'applicazione.

Come si è detto in precedenza, con un'applicazione di Project Management e, nello specifico, con Microsoft Project, si possono avere delle rappresentazioni visive del progetto anche e soprattutto per una miglior comprensione della situazione.

Le visualizzazioni principali di Microsoft Project 2013 sono:

- Il Diagramma di Gantt;

- Il Diagramma di Rete o PERT;

- La struttura gerarchica.

Il Diagramma di Gantt.

Il Diagramma di Gantt è suddiviso in due parti.

Sul lato sinistro (1) sono indicate verticalmente le attività con indicazione della durata di inizio e fine.

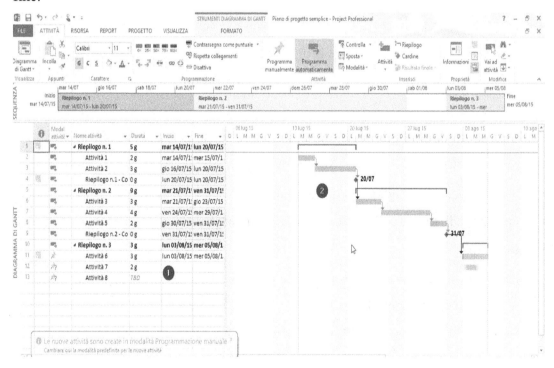

Figura 1 Il Diagramma di Gantt

Sul lato destro (2), le stesse attività sono rappresentate come delle barre orizzontali di lunghezza variabile in funzione della durata delle stesse, con appositi segnalatori man mano che il progetto cammina.

Nota

Il termine Diagramma di Gantt deriva da Henry Lawrance Gantt, ingegnere statunitense che nacque nel 1861.

Nel 1887 si unì a Henry Frederick Winslow Taylor (padre del taylorismo), con il quale collaborò nel campo del management scientifico, contribuendo alla costruzione delle navi militari durante la prima guerra mondiale.

Il Diagramma di Gantt, ideato nei primi del 1900, rappresenta graficamente, sull'asse temporale, le attività che concorrono al completamento del progetto, permettendo sia la programmazione che il controllo dell'avanzamento delle attività.

Il Diagramma è stato impiegato nella pianificazione di importanti opere quali la diga di Hoover (1931-1935), sul fiume Colorado, ed il sistema di autostrade interstatali statunitensi a far data dal 1956.

Per onorare la memoria di Gantt, l'associazione statunitense degli ingegneri meccanici (*l'American Society of Mechanical Engineers* – ASME), ha istituito il premio Henry Laurence Gantt Medal, che viene attribuito annualmente ad una persona che si è distinta nel campo del management o dei servizi sociali.

Fonte Wikipedia

Il Diagramma reticolare o di PERT

Il Diagramma reticolare o di PERT (*Programme Evaluation and Review Technique*), mostra l'interdipendenza tra le varie attività raffigurate tramite caselle o nodi e con delle linee di connessione ad indicare le dipendenze fra le attività.

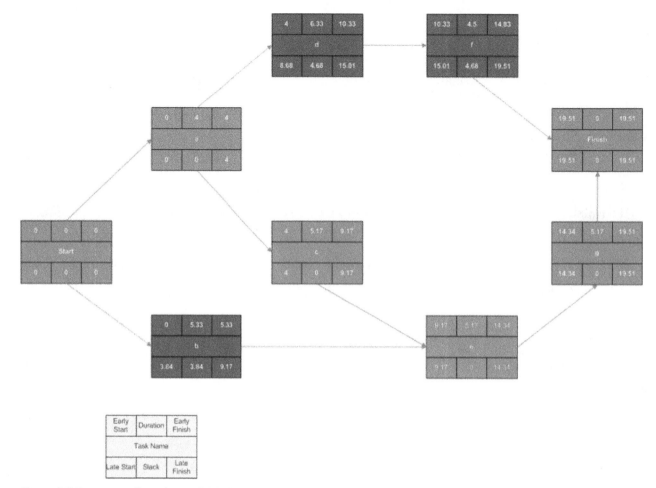

Figura 2 Il Diagramma Reticolare o di PERT

Con il diagramma Pert è più facile l'identificazione del percorso critico, vale a dire l'individuazione di quelle attività che, se non compiute nei tempi stabiliti, provocano il ritardo di tutto il progetto.

La struttura gerarchica o WBS (Work Breakdown Structure)

La struttura gerarchica, infine, permette di applicare, all'elenco delle attività, una struttura ad albero dove un'attività di livello inferiore è una sotto attività della precedente che così diviene un'attività di riepilogo.

La struttura gerarchica consiste in una suddivisione del progetto in parti più elementari, di modo da offrire una rappresentazione gerarchica del progetto attraverso una definizione dettagliata degli elementi che lo compongono.

Si parla di *Work Breakdown Structure* (WBS), scomposizione strutturata a più livelli del progetto che, graficamente, si presenta come una struttura ad albero dove ciascun livello rappresenta porzioni sempre più piccole del progetto.

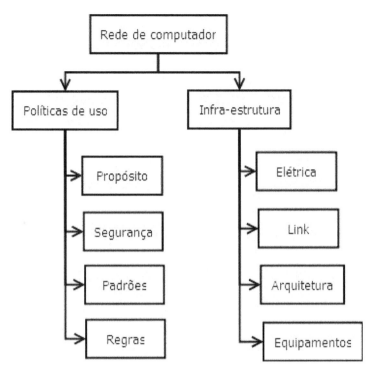

Figura 3 La struttura gerarchica o Work Breakdown Structure (WBS)

A differenza del Diagramma di Gantt però, dove la gestione e lo sviluppo del progetto è visto solo da un punto di vista temporale, la scomposizione di un progetto in porzioni più piccole consente:

- Di capire che cosa occorra fare;
- Individuare chi deve compiere le varie attività;
- Di individuare lo scopo del progetto;
- Capire quanto possa costare il progetto

Nei progetti grandi e complessi, ciò facilita l'individuazione delle attività necessarie alla realizzazione del progetto.

Esercitazioni

A) Domande aperte

1. Definizione di progetto

2. Indicare i tre vincoli del progetto

3. Visualizzazioni predefinite/principali del progetto

4. Perché durante la vita di un progetto puoi dover apportare delle modifiche?

5. Il diagramma di Gantt come è formato?

6. Il Diagramma di PERT?

7. La Struttura Gerarchica?

8. Indica le tre fasi del progetto

9. Cosa sono gli obiettivi del progetto?

10. Perché è importante che il Project Manager comunichi con gli *stakeholders* per tutta la durata di vita del progetto?

B) Domande a risposta multipla

1) Quale, tra queste, si avvicina di più alla nozione di progetto:

- Attività di routine che si ripete per tutta la vita di un'azienda

- Attività temporanea intrapresa per creare un prodotto, un servizio o un risultato con caratteristiche di unicità

- Attività con un inizio ed una fine definita.

2) Quali, tra questi, sono i lati del c.d "triangolo di progetto":

- Risorse
- Costi
- Rischio
- Tempo
- Durata
- Obiettivi

3) Indica, per ciascuna immagine, il nome corretto di Diagramma

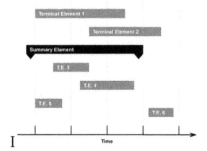

Costruzione ripostiglio

Inizio: ven 24/07/1	ID: 1
Fine: gio 30/07/15	Dur: 5 g
Ris: Attilio[50%]; Ettore[50%]	

Costruzione soppalco

Inizio: ven 24/07/1	ID: 2
Fine: gio 30/07/15	Dur: 5 g
Ris: Attilio; Ettore	

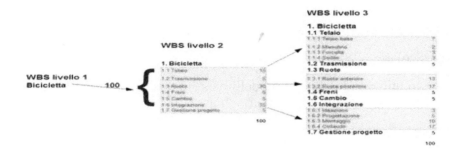

Obiettivi del capitolo

In questo secondo capitolo e, soprattutto nel successivo, si inizierà a lavorare con Project 2013 per la creazione di un progetto.

Nello specifico, si apprenderà:

- Ad avviare e chiudere l'applicazione secondo differenti percorsi e sistemi operativi;

- A salvare il progetto come modello di progetto, file xml, pdf e cartella di lavoro Excel nonché su differenti supporti;

- A conoscere le modalità di rappresentazione di un progetto, come il Diagramma di Gantt ed il Diagramma reticolare;

- A creare un progetto utilizzando uno dei modelli messi a disposizione da Project o a crearne uno nuovo;

- Ad inserire le informazioni di base di un progetto quali la data di inizio e di fine del progetto ed il Manager di progetto;

- Ad impostare un calendario di progetto distinguendo tra tempi lavorativi e di inattività;

- A comprendere l'importanza della pianificazione dalla data di inizio del progetto.

Procuriamoci Microsoft Project 2013

Project 2013 è un software della Microsoft© che, per quanto riguarda la versione desktop, è disponibile in due versioni, Standard e Professional[i].

Project Standard è la versione desktop base con la quale si possono creare e modificare i progetti.

Project Professional, invece, oltre a quanto previsto nella versione standard, consente di connettersi a Microsoft Project Server.

In aggiunta alla tradizionale installazione sul desktop, poi, si può fruire di Project tramite Internet con le seguenti opzioni:

1. Project Pro per Office 365[ii] che, comunque, consente di installare una versione desktop di Project;

2. Project Online con Project Server;

3. Project Online con Project Pro per Office 365.

Per farsi un'idea delle notevoli vantaggi che offre Project, in primo luogo se ne può scaricare una versione di valutazione gratuita dal sito della Microsoft per un periodo di 60 giorni.

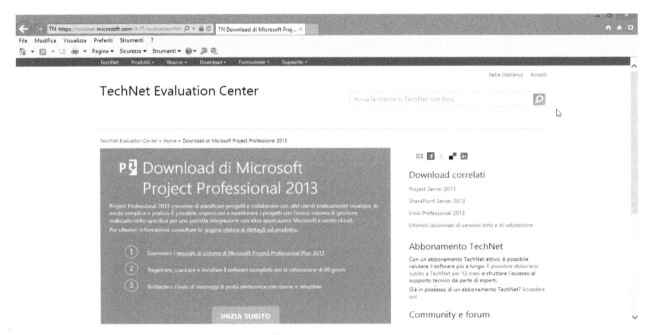

Figure 2 Download di MIcrosoft Project Professional 2013

E' sufficiente avere un Account Microsoft o crearne uno per l'occasione.

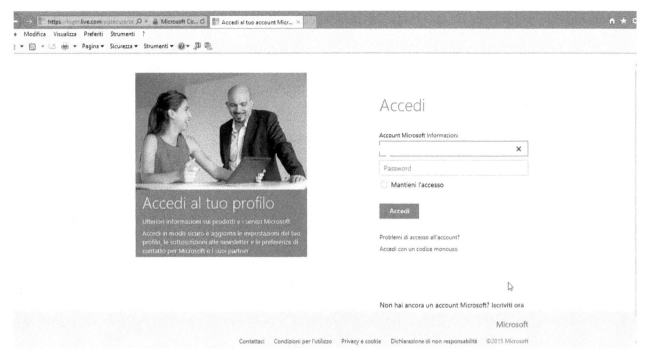

Figure 3 Creazione Account

Una volta entrati ci si trova nella schermata Gestione Profilo dove si trovano i campi nome e cognome completati con i dati forniti in sede di registrazione (Account), così come con l'indirizzo di posta elettronica.

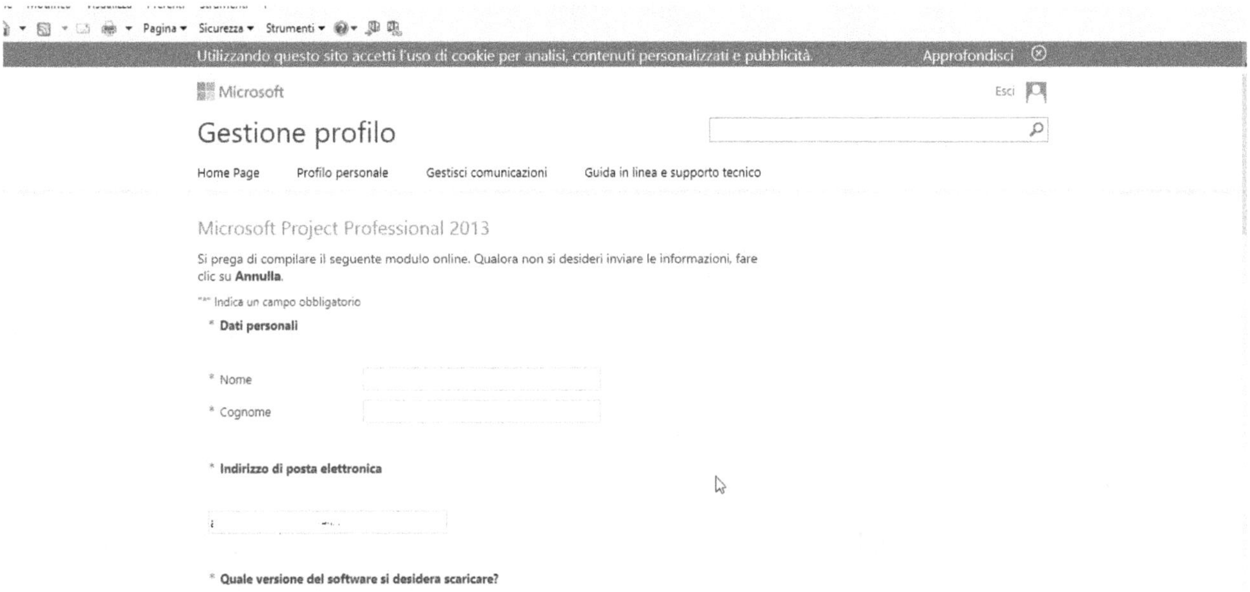

Figure 4 Dettagli creazione Account

Scorrendo la pagina in basso, come si può vedere, occorre inserire un numero di telefono.

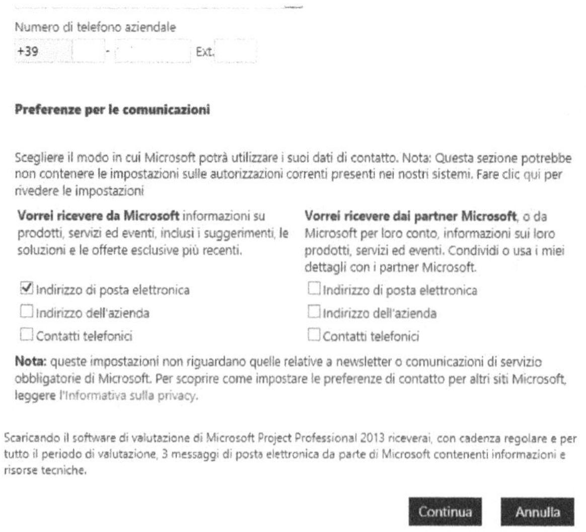

Figure 5 Segue dettagli creazione Account

Cliccare poi su continua ed appare la schermata con il codice Product Key valido per 60 giorni da indicare una volta installato il software.

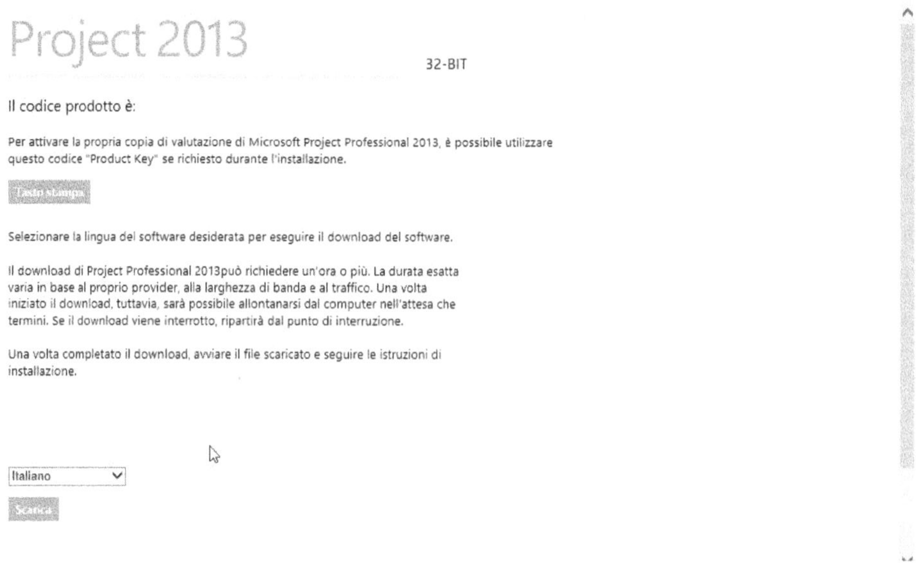

Figure 6: Scelta della lingua

Scelta la lingua tra quelle indicate e cliccato su scarica, si arriva alla seguente pagina dalla quale si può scaricare la versione di valutazione e dove sono presenti anche risorse per la valutazione del software.

Figure 7 Scaricare Project Professional 2013 e risorse sul software

Trascorsi il periodo di valutazione o si acquista il software o, in alternativa, si può provare gratuitamente, per 30 giorni, Project Pro per Office 365.

Figure 8 Project Pro per Office 365

Non occorre avere un account Office 365 attivo. Project Pro per Office 365 ha il vantaggio, anche durante il periodo di valutazione, di poter essere installato su 5 pc, a differenza delle versioni Standard e Professional che possono essere installate solo su un computer.

Project Pro richiede, però, che si acceda o tramite un Account Aziendale o che se ne crei uno, secondo i seguenti passaggi.

Figure 9 Informazioni per Project Pro per Office 365

Figure 10 Creazione ID Utente

Figure 11 Dati e password

Indicato nome e password, si deve cliccare su avanti, dimostrando di non essere un Robot

Figure 12 Dimostriamo di non essere un Robot

Cliccare su SMS e, una volta ricevuto il codice di Office 365 di verifica (quasi immediato), ci appare questa schermata.

Figure 13 Salviamo le informazioni

Ci appare poi la seguente schermata che ci informa di salvare i dati per l'accesso, soprattutto id utente e password.

Figure 14 Salviamo le informazioni

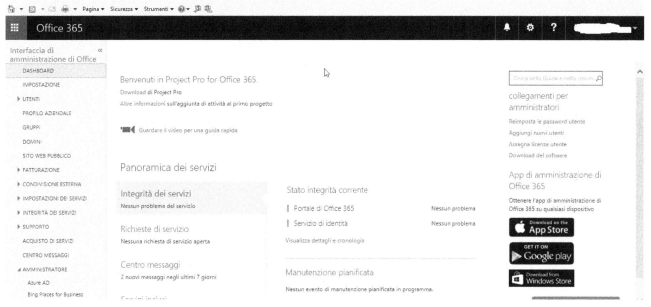

Figure 15 Amministrazione di Office 365 dal quale scaricare Project

Infine, entriamo nell'Interfaccia di Amministrazione Office 365 dalla quale possiamo scaricare Project 2013.

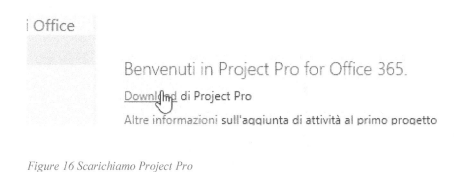

Figure 16 Scarichiamo Project Pro

Software

Project

Telefono e tablet

Project

Installare la versione più recente di Project

Tenere traccia di progetti, calendari, risorse e attività.

Project

Lingua:

italiano (Italia)

Versione:

32 bit (consigliata) avanzate

Nota: l'installazione di lingue aggiuntive su un computer su cui è già installata questa versione di Project non influisce sul conteggio relativo al limite di installazioni (5).

Figure 17 Scelta della lingua

Nota: l'installazione di lingue aggiuntive su un computer su cui è già installata questa versione di Project non influisce sul conteggio relativo al limite di installazioni (5).

Verifica requisiti di sistema

Installa Project Pro for Office 365 ————— lazione

Install

Figure 18 Clicchiamo su installa

Installa

Per visualizzare un elenco delle installazioni aggiornate, aggiornare la pagina. La visualizzazione delle installazioni aggiornate potrebbe richiedere

Eseguire o salvare **Setup.X86.it-it_ProjectProRetail_9d48d6a0-ceae-4eb1-baab-f656be7adcef_TX_PR_.exe** (1,04 MB) da c2rsetup.officeapps.live.com? ✕

Esegui   Salva ▼   Annulla

Figure 19 Salviamo ed eseguiamo il file.

Salviamo il file eseguibile sul nostro desktop, clicchiamoci sopra ed avrà inizio l'installazione di Project Pro per office 365, identico a Project 2013.

Figure 20 Inizia l'installazione di Project Pro

Ricordiamoci di uscire da Office 365 e questa è l'immagine che ci appare

Figure 21 Usciamo da Office 365

Lavorare con i progetti

Aprire e chiudere Microsoft Project 2013.

Per avviare Microsoft Project 2013 ci sono diverse possibilità a seconda del sistema operativo in uso.

Con Windows 7:

A) si clicca sul tasto Start

Avviamo Project 1

Tutti i programmi

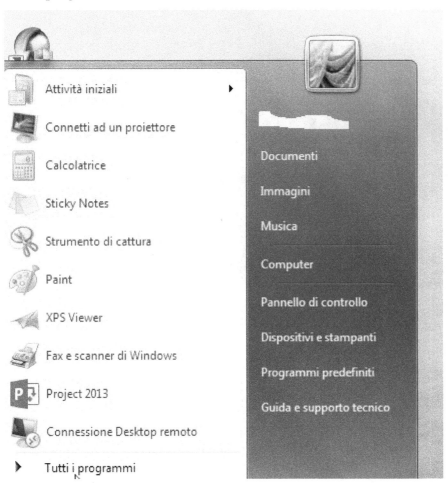

Avviamo Project 2

Microsoft Office 2013 / Project 2013

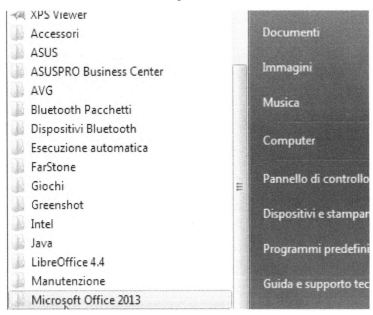

Avviamo Project 3

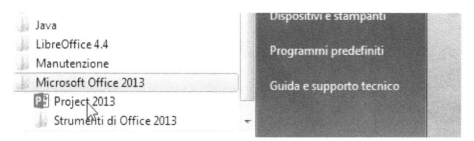

Avviamo Project 4

Con avvio della schermata di Project 2013

Avviamo Project 5

In alternativa si può:

1. Cliccare sull'icona presente sulla barra delle applicazioni

Avviamo Project 6

2. Cliccare sul collegamento presente sul desktop

Avviamo Project 7

3. Aprile un file di Project 2013 eventualmente presente sul desktop

Avviamo Project 8

Con Windows 8.1, invece, si segue la seguente procedura:

1. Cliccare sul pulsante Start di Windows

Avviamo Project 9

Nella schermata tutte le applicazioni doppio clic sul quella raffigurante Project

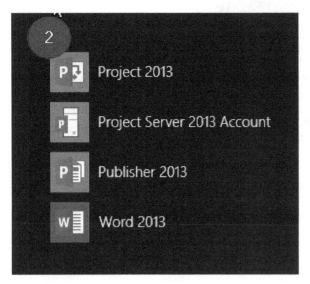

Avviamo Project 10

Avviamo Project 11

Project 2013 inizia ad avviarsi

Avviamo Project 12

E poi appare la schermata di Project 2013

Avviamo Project 13

Alternativamente, qualora già si stia lavorando ad un progetto, si può aprire l'applicazione tramite

l'icona presente sul desktop   *Avviamo Project 14*

O sulla barra delle applicazioni

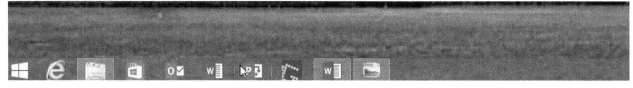

Avviamo Project 15

Con Windows 10, infine:

1) Clicchiamo sul pulsante con il Logo di Windows

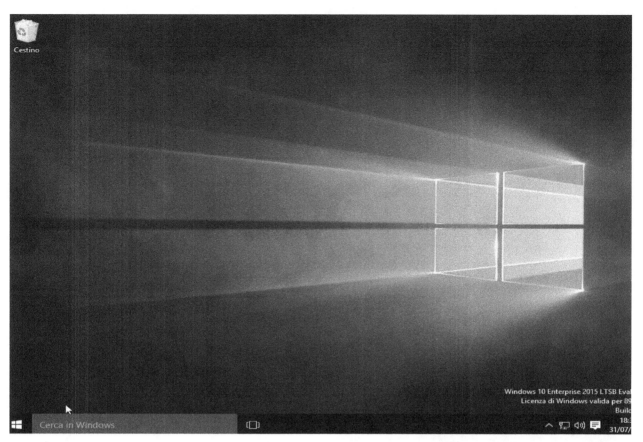

Avviamo Project 16 con Windows 10

2) Qui o clicchiamo sull'applicazione presente tra quelle Aggiunte di recente,

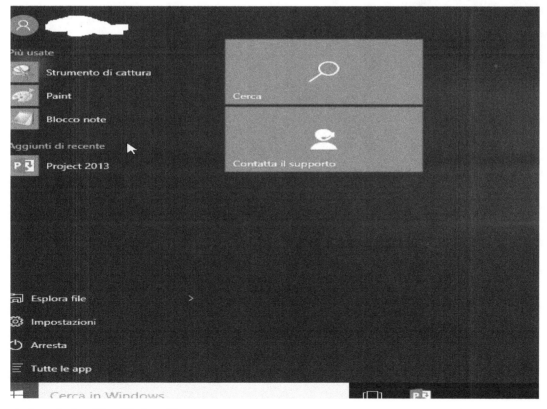

Avviamo Project 17 su Windows 10

O Scegliamo Tutte le App

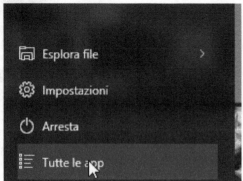
Avviamo Project 18 su Windows 10

E qui navighiamo sino a trovare Project 2013.

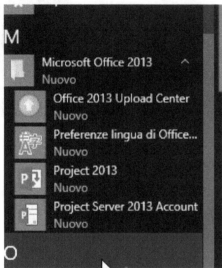
Project 2013 su Windows 10

Con Windows 10, infine, possiamo personalizzare il pulsante Start per cui un altro modo per avviare Project consiste nello spostare l'icona del programma che interessa sulla destra di Start, tenendo premuto il tasto sinistro del mouse.

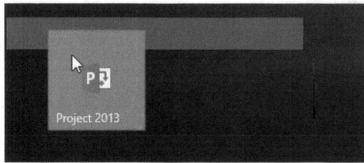
Personalizzare il pulsante Start in Windows 10

Sul lato desto rilasciamo il mouse e l'icona del programma, qui Project, presenta una scritta in alto e due righe parallele sulla destra.

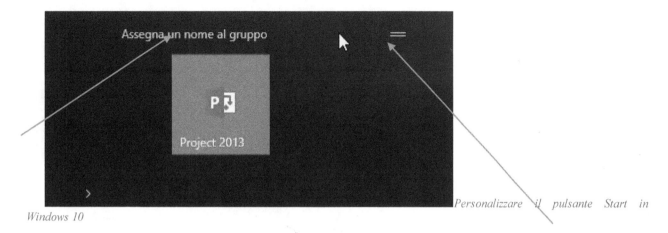

Personalizzare il pulsante Start in Windows 10

Cliccando sopra queste due righe si apre un rettangolo dove possiamo digitare il nome del gruppo di icone raffiguranti le applicazioni di interesse.

Personalizzare il pulsante Start in Windows 10

Qui, per fare un esempio, si è digitato Guida Project 2013.

Personalizzare il pulsante Start in Windows 10

Cliccando sopra l'icona (o App, secondo la nuova terminologia), così come con le procedure indicate nelle pagine precedenti, si apre la Finestra principale di Project 2013.

Inoltre, come per gli altri due sistemi operativi, anche con Windows 10 si può aprire Project cliccando sull'icona presente sulla barra delle applicazioni o su di un file di progetto presente sul desktop.

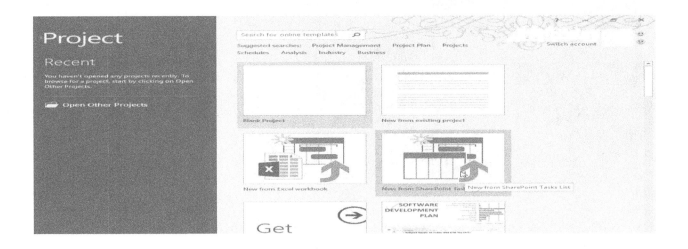

Per chiudere Microsoft Project 2013, invece, a prescindere dal sistema operativo interessato:

1) Se si deve chiudere il file aperto ma non l'applicazione

Cliccare sulla seconda "x" posta in alto a destra

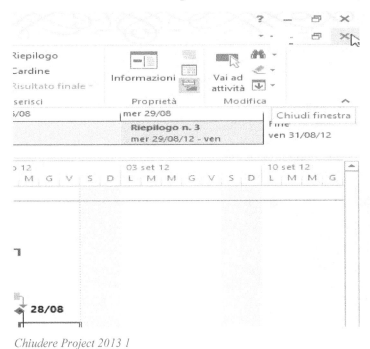

Chiudere Project 2013 1

O su File

Chiudere Project 2013 2

Poi su Chiudi

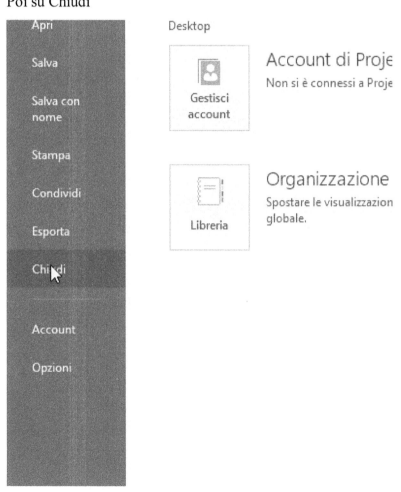

Chiudere Project 2013 3

2) Per chiudere l'applicazione

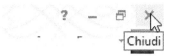

Prima croce in alto a destra

Chiudere Project 2013 4

O, nella Barra di Accesso Rapido tasto P, raffigurante l'icona di Project, e poi Chiudi.

Chiudere Project 2013 5

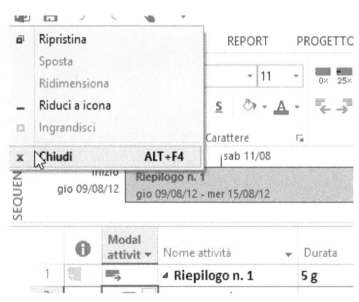

Chiudere Project 2013 6

Salvare il progetto su uno specifico supporto.

Per salvare il progetto, invece:

In Windows 7

Salva con nome

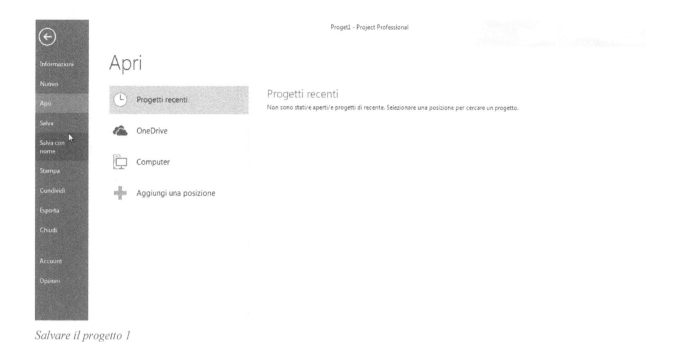

Salvare il progetto 1

Che offre la possibilità sia di salvare sul Cloud, in OneDrive, spazio di archiviazione della Microsoft, che sul computer in uso o, eventualmente, su altro supporto, tipo penna usb.

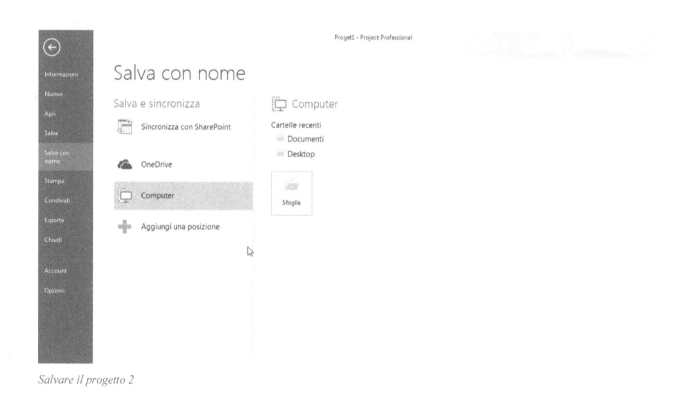

Salvare il progetto 2

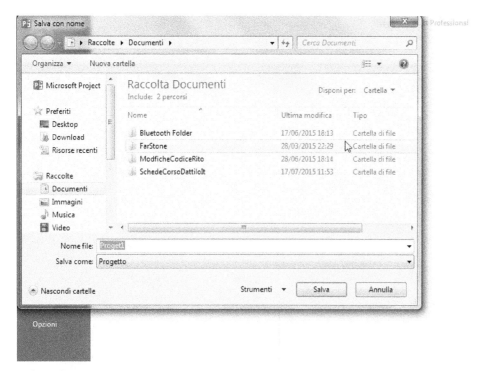

Salvare il progetto 3

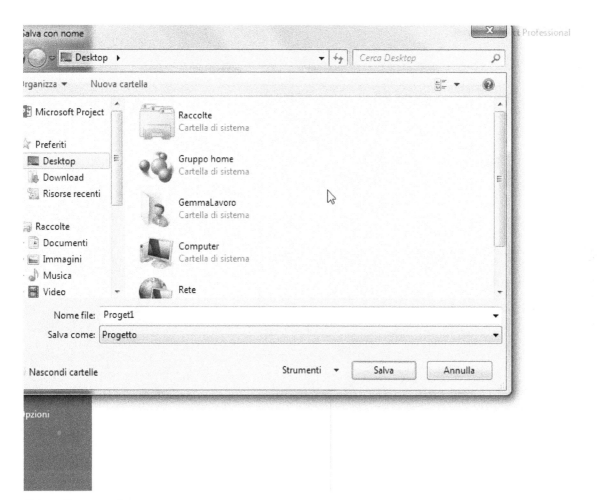

Salvare il progetto 4

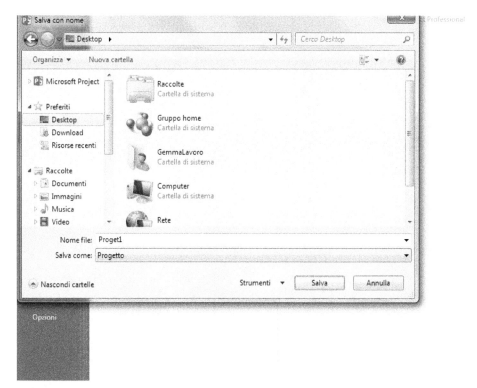

Salvare il progetto 5

Salvare il progetto 6

Cartelle recenti

 Desktop

 Templates
C: » Users » Gemma » AppData » Roaming » Microsoft » Templates

 GuidaProject
Desktop » GuidaProject

 Workfiles
Desktop » PM2_V1.0_Office 2010_Sample Test » Workfiles

 Workfiles
Documenti » project-management-software-level2-syllabus » Workfiles

 Documenti

Salvare il progetto 7

▷ Utente (pc)
▷ Video
▷ Disco locale (C:)
▷ Volume (E:)
▷ FLASH DRIVE (F:)

Rete

Salvare il progetto 8

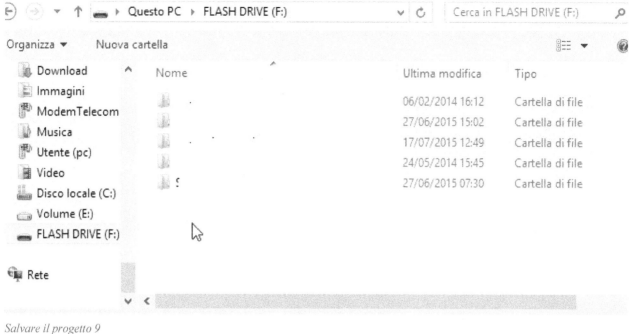

Salvare il progetto 9

In Windows 8.1 e Windows 10 i passaggi sono simili.

Salva con nome che offre la possibilità di scegliere un percorso di archiviazione tra il computer, OneDrive od altro supporto

Salvare il progetto 10

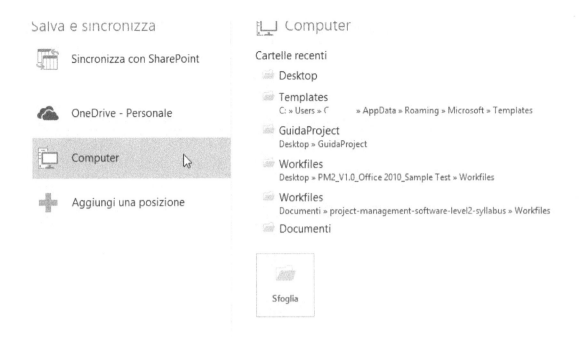

Salvare il progetto 11

O aggiungere una posizione

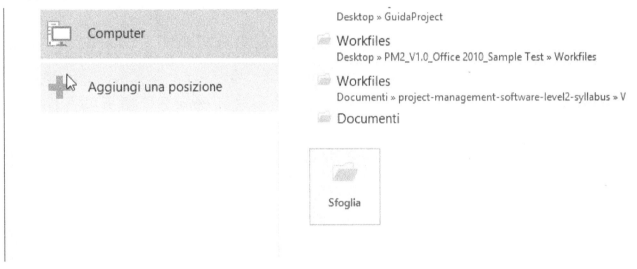

Salvare il progetto 12

Ad esempio un Sito SharePoint qualora se ne abbia la sottoscrizione

Aggiungi una posizione

È possibile aggiungere posizioni per semplificare il salvataggio dei documenti di Office nel cloud.

📮 Office 365 SharePoint

☁ OneDrive

Salvare il progetto 13

Per quanto si riferisce al salvataggio si usb i passaggi sono gli stessi visti su Windows 7.

Salvare il progetto cambiandone il nome.

Salvare un modello di progetto.

Per salvare un progetto cambiandone il nome è sufficiente, quando si clicca sul tasto salva con nome, specificare un nome diverso nel percorso di salvataggio scelto.

In sede di esame, porre attenzione alla domanda, in quanto questa potrebbe limitarsi a chiedere di salvare un file di progetto già aperto.

In tal caso, non occorre assegnare un nome al file o cambiarlo, ma è sufficiente cliccare sul pulsante a forma di floppy in alto a sinistra

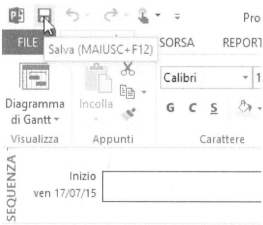

Salvare il progetto 14

O, su file e poi scegliere salva

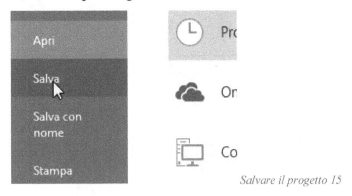

Salvare il progetto 15

Riprendiamo il nostro piano di progetto semplice.

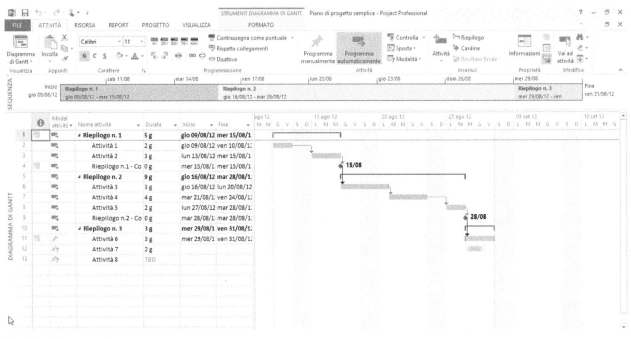

Modello di progetto 1

Quando si salva un **file di progetto**, l'estensione di Project è **.mpp**, per indicare che si stratta di una file di Microsoft Project.

Quando, invece, salviamo lo stesso file **come modello per progetti futuri**, l'estensione è **.mpt**, per **Microsoft Project Template**.

I passaggi sono i seguenti. Scegliamo salva con nome dove dobbiamo scegliere che il tipo di file.

Clicchiamo su Modello di Progetto e poi su salva lasciando sempre il nome Piano di Progetto semplice

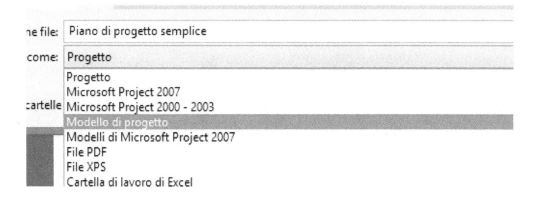

Modello di progetto 2

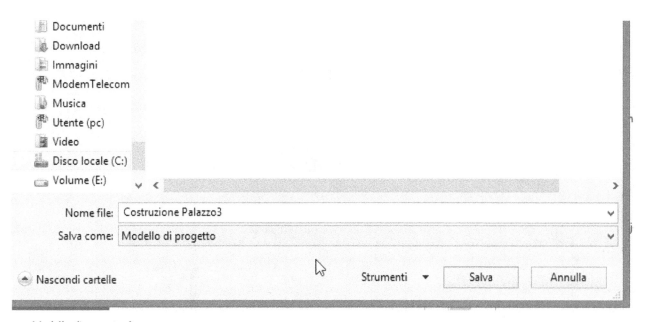

Modello di progetto 3

Ci appare il seguente messaggio per avvisarci sulla possibilità di rimuovere dal modello gli elementi indicati in quanto si tratta di valori relativi ad un progetto concluso che, per i futuri, non hanno alcuna attinenza.

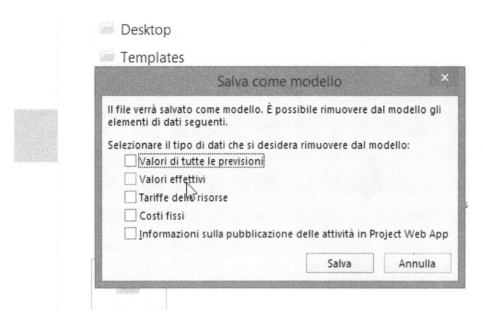

Modello di progetto 4

Selezioniamo, pertanto, i valori che ci interessa rimuovere.

Modello di progetto 5

Modello di progetto 6

Clicchiamo su salva e salviamo il file sul percorso scelto, qui sul desktop per comodità.

Qui troviamo due icone a rappresentare il nostro file che, oltre a essere diverse da un punto di vista grafico, come si può analizzare cliccandoci sopra con il tasto destro, se ne notano le differenze strutturali.

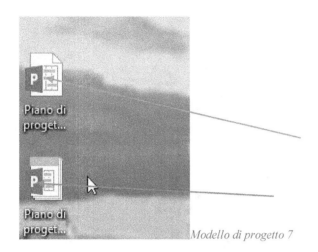

Modello di progetto 7

Il primo, è un file di progetto normale (indicato dalla freccia blu).

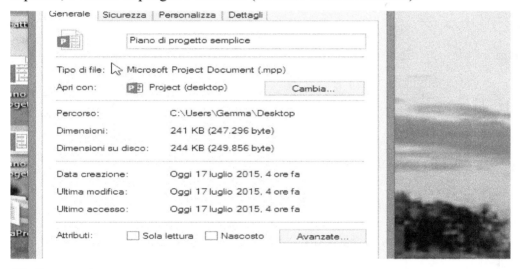

File di progetto 1

Il secondo, indicato dalla freccia rossa, un modello di progetto.

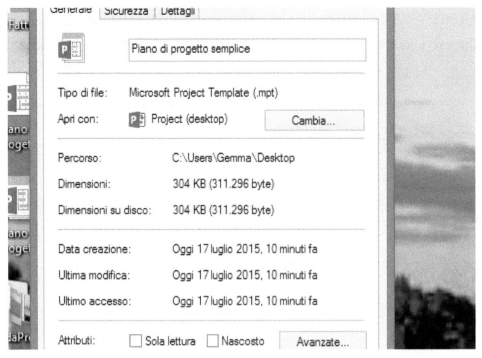

Modello di progetto 8

Salvare il progetto in differenti formati: foglio di calcolo, CSV, XML, file di test, pdf, pagine web.

In fase di salvataggio, Project ci offre la possibilità di scegliere il formato che interessa. Quanto al modello di progetto, è stato analizzato nel precedente paragrafo. Nel presente paragrafo, si esamineranno altri formati.

Optiamo per il foglio di calcolo Excel.

Appare la seguente schermata.

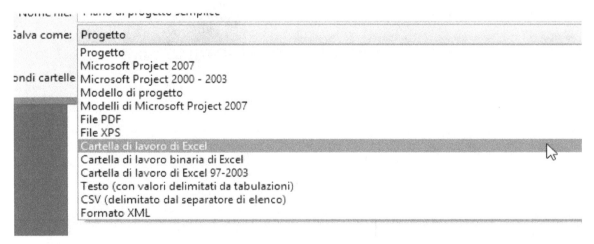

Salvataggio Cartella di lavoro Excel 1

Fase 1)

Scegliendo cartella di lavoro Excel e cliccando su salva, si avvia la procedura guida di Project per stabilire le corrispondenze tra i campi di Project e gli analoghi dati che appariranno su Excel.

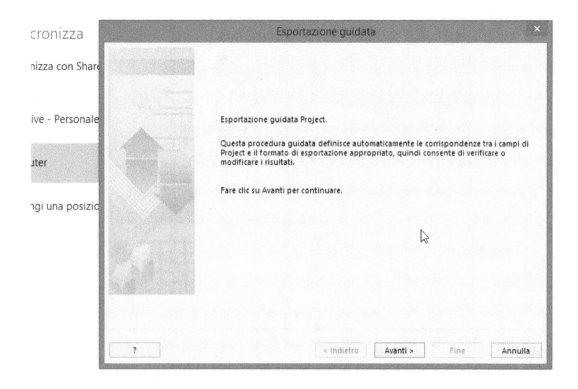

Salvataggio Cartella di lavoro Excel 2

Fase 2)

Lasciamo dati selezionati e clicchiamo su Avanti

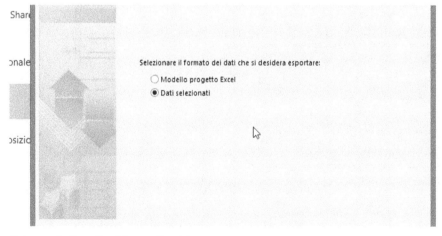

Salvataggio Cartella di lavoro Excel 3

Fase 3)

Scegliamo nuova corrispondenza e clicchiamo Avanti

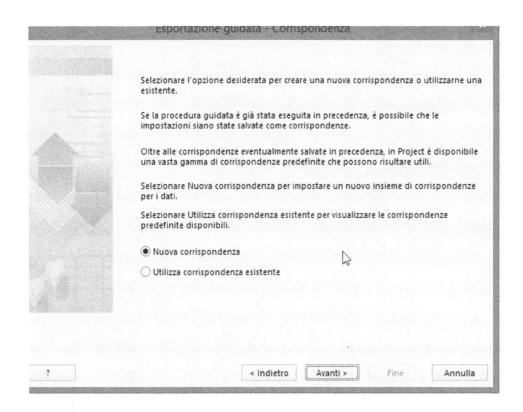

Salvataggio Cartella di lavoro Excel 4

Fase 4)

Scegliamo, ad esempio, il campo attività per la corrispondenza e selezioniamo "Includi intestazioni nell'esportazioni".

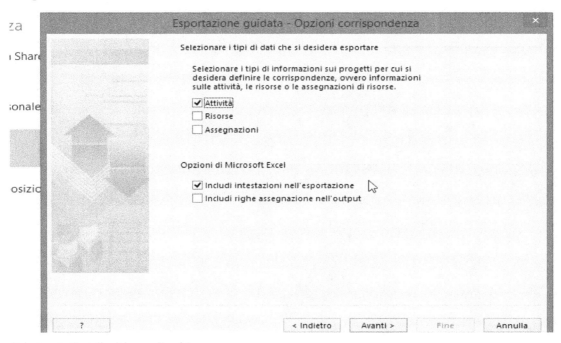

Salvataggio Cartella di lavoro Excel 5

Fase 5)

Appare la schermata dove indicare i dati che in Project debbono trovare corrispondenza in Excel.

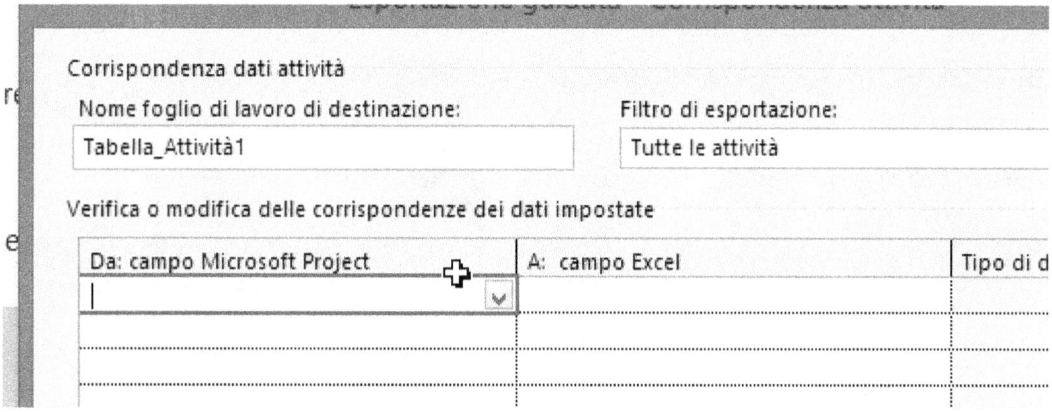

Salvataggio Cartella di lavoro Excel 6

Scegliamo, ad esempio, percentuale di completamento.

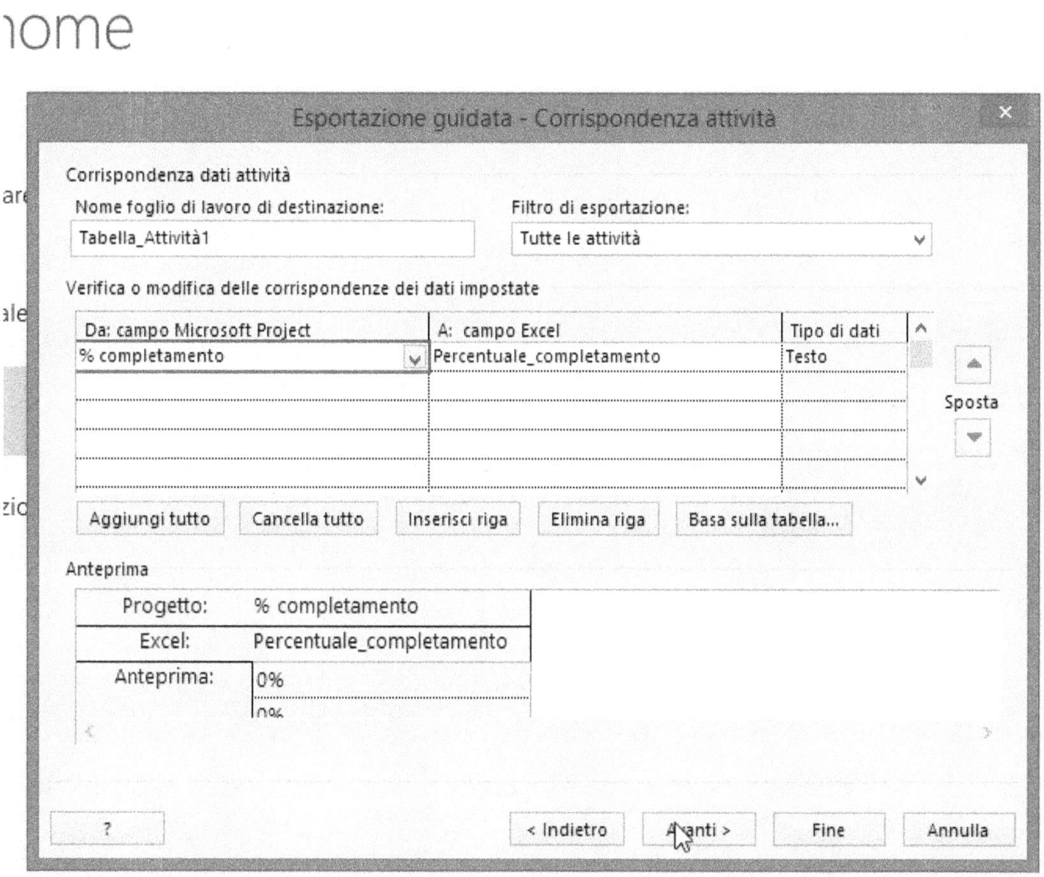

ıome

Salvataggio Cartella di lavoro Excel 7

Fase 6)

Clicchiamo su Avanti. La procedura ci informa che tutti i dati per le corrispondenze sono presenti e ci invita a cliccare sul tasto Fine per completare l'operazione.

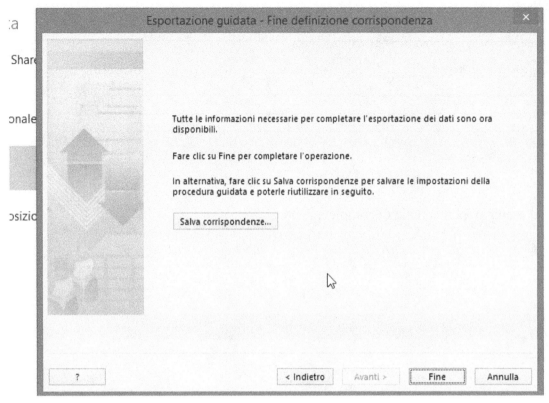

Salvataggio Cartella di lavoro Excel 8

Fatto, riappare il file di Project e, sul desktop, un file Excel.

Salvataggio Cartella di lavoro Excel 9

Per salvare come file CSV, invece,

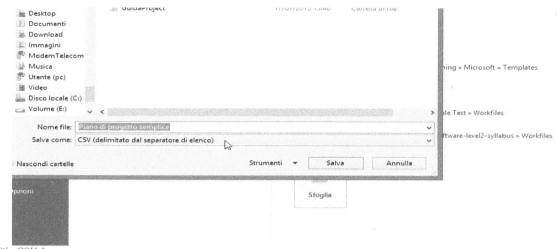

File CSV 1

Nota

CSV (file delimitato dal separatore di elenco), vale a dire è un formato di testo generico utilizzato dagli elaboratori di testo e da altri programmi. Questo formato utilizza l'estensione csv ed è delimitato da virgole; i valori sono separati dal separatore di elenco del sistema. È possibile esportare i dati dei campi da una singola tabella di Project in questo formato, ma non è possibile aprire o esportare un intero progetto.

Fonte: Microsoft https://support.office.com/it-it/article/Formati-di-file-supportati-da-Project-2013-f2b6710f-e6c6-4767-92de-15e482776916

Altri formati sono il PDF

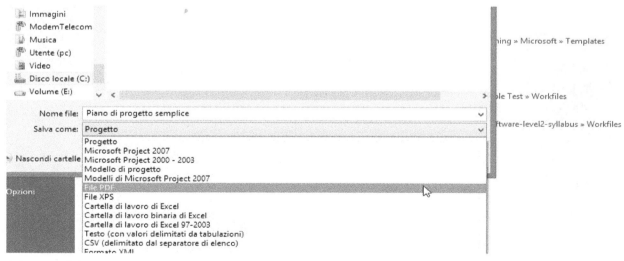

Salvataggio in file PDF 1

In Formato XML

Cartella di lavoro di Excel
Cartella di lavoro binaria di Excel
Cartella di lavoro di Excel 97-2003
Testo (con valori delimitati da tabulazioni)
CSV (delimitato dal separatore di elenco)
Formato XML

Salvataggio in formato XML 1

Ultimi due formati che ci permettono di far leggere i nostri dati anche a chi non abbia l'applicazione di Project.

Nota

Nello specifico il formato XML (*Extensible Markup Language*) **è un formato utilizzato per fornire dati formattati e strutturati in un modo standard e uniforme. Questo formato utilizza l'estensione xml. Con questo formato è possibile esportare e importare dati di progetto. Il formato XML può essere utilizzato per scambiare i dati di progetto tra Project e altri programmi.**

Fonte: Microsoft https://support.office.com/it-it/article/Formati-di-file-supportati-da-Project-2013-f2b6710f-e6c6-4767-92de-15e482776916

Infine possiamo salvare i dati come file di testo

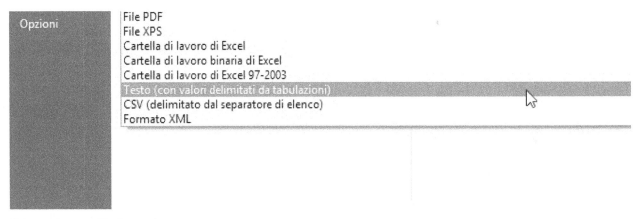

Salvataggio come file di testo 1

Salvare come pagina Web.

Le informazioni che seguono sono prese dal sito Microsoft.

Non è possibile salvare un file di progetto come pagina Web (HTML) ma è possibile condividere gli aggiornamenti e le programmazioni di un progetto.

Salvare il progetto come file PDF è la soluzione ideale per condividere uno snapshot dell'intero progetto con chiunque disponga di un computer, anche se non hanno installato Project.

1. <u>Scegliere la visualizzazione del progetto</u> che si desidera condividere.
2. Scegliere **File** > **Esporta** > **Crea PDF/XPS**.

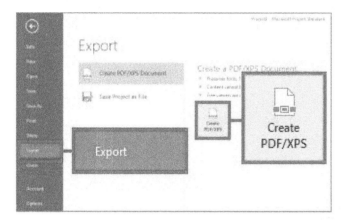

Fonte: https://support.office.com/it-it/article/Salvare-un-file-di-progetto-come-pagina-Web-898cb826-6d30-45a5-ad3a-9d1e366a1bc2

Visualizzazioni in Project 2013: Diagramma di Gantt, Diagramma Reticolare, Struttura gerarchica.

Quando apriamo un progetto esistente o un file vuoto, la **visualizzazione predefinita** che appare è il Diagramma di Gantt.

Project 2013 offre, però, altre visualizzazioni che si differenziano le une dalle altre per l'elemento sul quale pongono l'accento, siano esse le risorse, o le attività.

Altre visualizzazioni o "**viste**", secondo la terminologia, pongono l'accento sull'attività del Team di progetto, o sul Calendario.

La maggior parte delle viste è strutturata in tabelle sul lato sinistro, dove le attività sono elencate in una modalità che ricorda un foglio di calcolo, e in un grafico sul lato destro, a rappresentare visivamente la durata delle attività.

Consideriamo la visualizzazione Diagramma di Gantt.

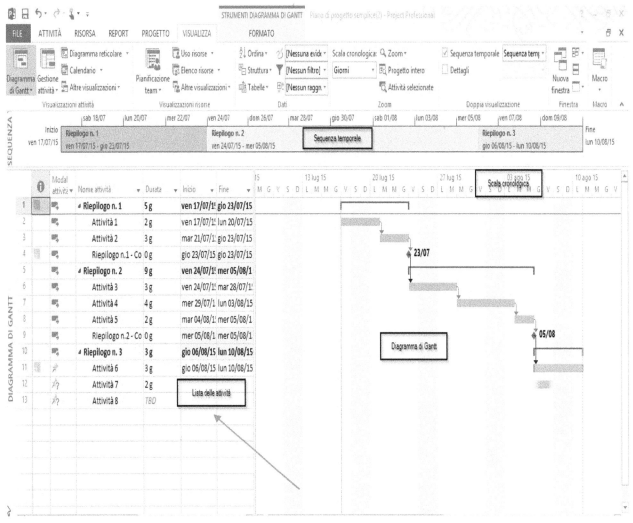

Visualizzazione Diagramma di Gantt 1

Questa visualizzazione mostra, come detto, a sinistra la lista delle attività risultando selezionata la tabella **Immissione.**

Ed infatti, oltre a differenti visualizzazioni, Project 2013 consente di avere immagini differenti per le varie informazioni che si vogliono visualizzare anche a seconda delle tabelle considerate.

Nel caso del Diagramma di Gantt si deve operare nella scheda Visualizza, Gruppo dati, Tabelle, Immissioni.

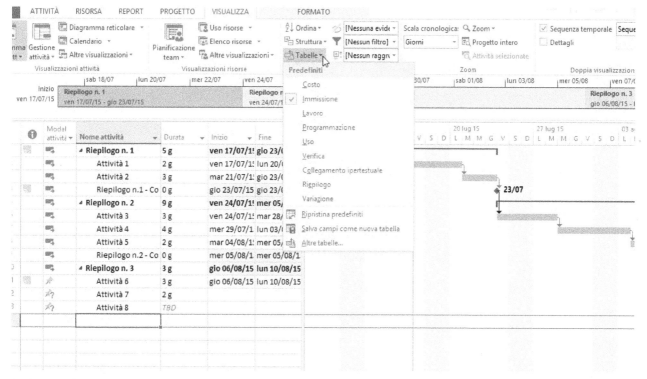

Scelta Visualizzazioni 1

Altra visualizzazione frequente in Project è il Diagramma Reticolare o PERT che, nel caso del nostro File di Progetto, è la seguente:

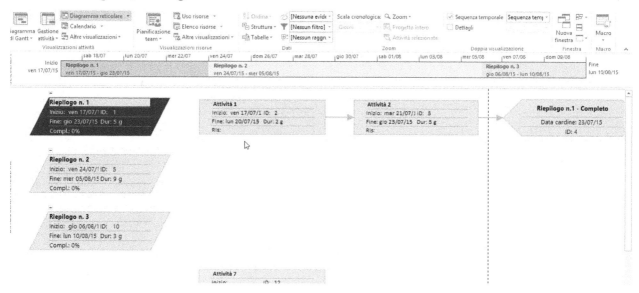

Visualizzazione Diagramma Reticolare 1

Per quanto si riferisce alla struttura gerarchica o WBS, in Microsoft Project 2013 è possibile solo definire il codice della struttura, occorrendo software specifici per la rappresentazione gerarchica.

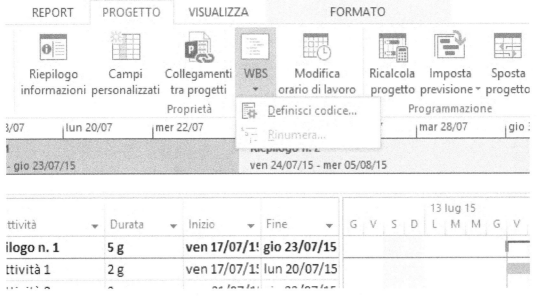

Codice Work Breakdown Structure 1

Si opera nella scheda progetto, Gruppo proprietà.

Ai fini della certificazione, sono sufficienti le nozioni di cui al primo capitolo.

Passare da una visualizzazione ad un'altra.

Vediamo, adesso, come passare da una visualizzazione all'altra. E' fondamentale, però, una conoscenza degli elementi di cui è composto Project 2013.

Innanzitutto quando si apre Project 2013, la Finestra si presente così.

Project 2013 all'apertura di un progetto vuoto 1

La scheda è formata dalla **Barra di Accesso Rapido**, qui indicata dalla freccia rossa.

Barra di Accesso rapido 1

La Barra di Accesso Rapido contiene pulsanti per salvare il progetto ed uscire dall'applicazione oltre ad altri pulsanti (che si aprono cliccando la freccia con la punta rivolta verso il basso), che consentono di apportare modifiche alla barra, ad esempio adattare il Ribbon agli schermi dei portatili o touch screen.

Scegliere la visualizzazione per i touch screen 1

Visualizzazione touch screen 1

In caso di touch screen, infatti i comandi sono più distanziati tra loro ed alcuni pulsanti sono anche nascosti.

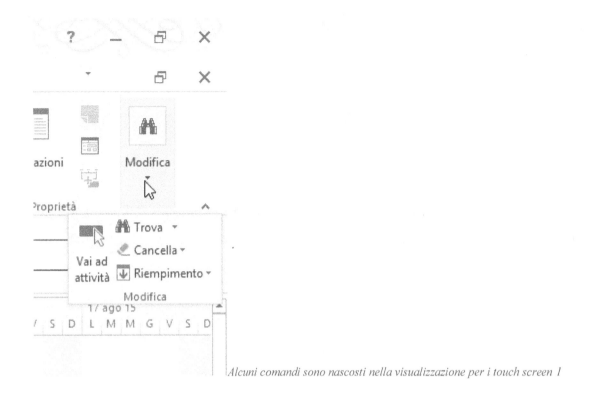

Alcuni comandi sono nascosti nella visualizzazione per i touch screen 1

Sotto la Barra di Accesso Rapido si hanno sei schede:

- Attività
- Risorsa
- Report
- Progetto
- Visualizza
- Formato

Ribbon Scheda Attività 1

Ognuna di queste schede contiene i comandi per operare sul progetto.

Di seguito le schede con i vari pulsanti, il cui utilizzo si vedrà nel corso del presente manuale.

Per quanto riguarda la prima della scheda Attività, sono presenti i comandi per inserire le attività, scegliere tra la programmazione manuale o automatica delle attività, le informazioni, i pulsanti per inserire note ed indicare le percentuali di completamento delle attività, per stabilire relazioni tra le stesse, passare da una visualizzazione ad un'altra e scegliere una formattazione particolare (colore, carattere, stile).

Pulsanti Scheda Attività 1

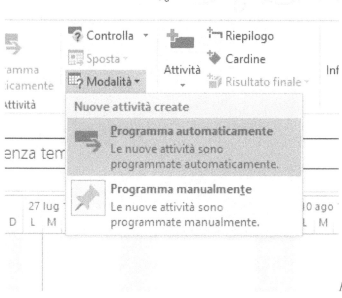

Pulsanti Scheda Attività 2

Pulsanti Scheda Attività 3

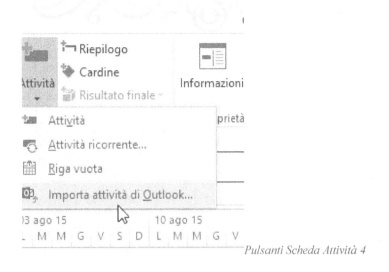

Pulsanti Scheda Attività 4

Pulsanti della scheda Risorse, contenente i comandi per operare sulle risorse del progetto.

Pulsanti Scheda Risorsa 1

Pulsanti della scheda Report, che si presentano come un valido aiuto nell'ottica sia delle comunicazioni periodiche ai soggetti interessati al progetto che per analizzarne l'andamento da differenti punti di vista.

Pulsanti Scheda Report 1

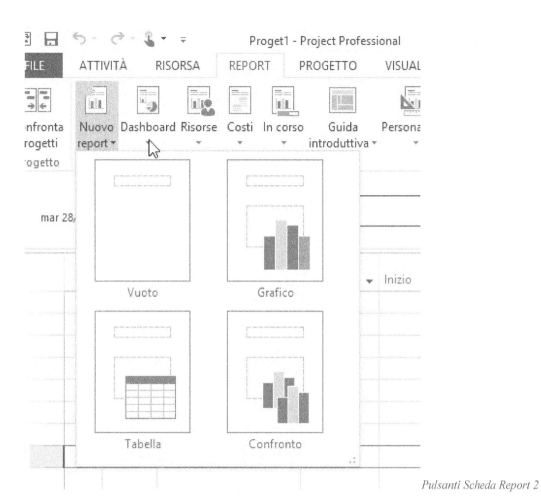

Pulsanti Scheda Report 2

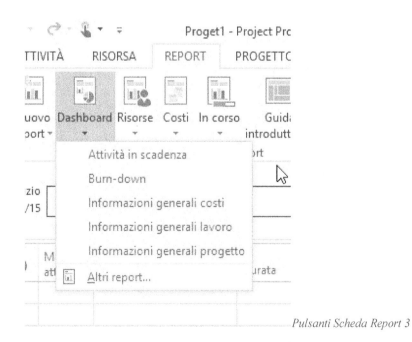

Pulsanti Scheda Report 3

Pulsanti Scheda Report

4

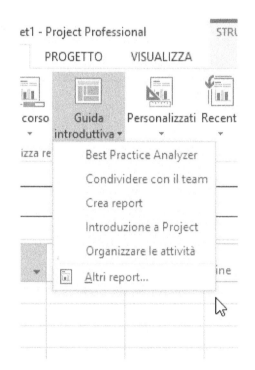

Pulsanti Scheda Report 5

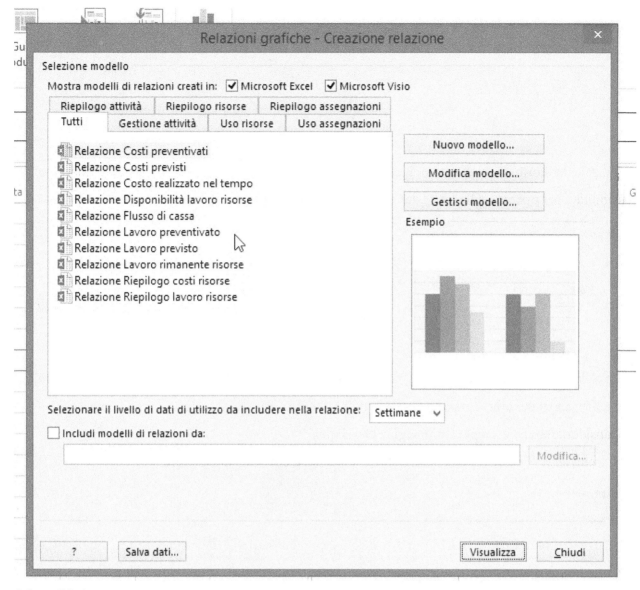

Pulsanti Scheda Report 4

Pulsanti scheda Progetto, contenente, tra gli altri, i comandi per modificare l'orario di lavoro ed aggiornare il progetto e impostare delle previsioni, vale a dire delle "fotografie" del progetto al fine di confrontare le eventuali differenze da quanto pianificato.

Pulsanti Scheda Progetto 1

La scheda Visualizza che contiene i comandi per analizzare i dati del progetto da differenti punti di vista che accedere alle schede risorse. Da qui è anche possibile passare da diverse visualizzazioni e tabelle, come la Tabella Lavoro per un'analisi del quantitativo di impegno delle risorse del progetto.

Pulsanti Scheda Visualizza 1

La scheda Formato contenente i comandi per evidenziare le attività critiche, il margine di flessibilità e per operare sulle barre del Diagramma di Gantt.

Pulsanti Scheda Formato 1

La Scheda Formato si caratterizza perché contiene dei comandi che possono definirsi dinamici, vale a dire appaiono alla selezione di alcuni dati.

Consideriamo, ad esempio, l'immagine che segue.

Si tratta della Finestra aperta nella Scheda Visualizza con flag su Dettagli.

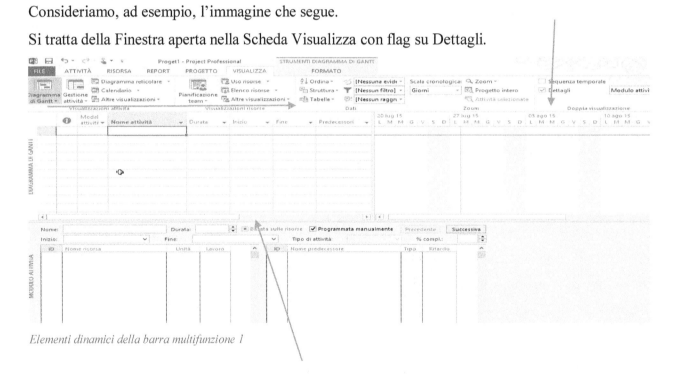

Elementi dinamici della barra multifunzione 1

Come si può vedere, la Finestra si presenta suddivisa in due parti: la metà superiore, relativa al Diagramma di Gantt, la parte inferiore, relativa al Modulo Attività.

Ora, quando è evidenziata la parte superiore della Finestra, in quanto pronta a ricevere dei dati, la Scheda Formato, presenta la Scheda Strumenti Modulo Attività indicati in viola.

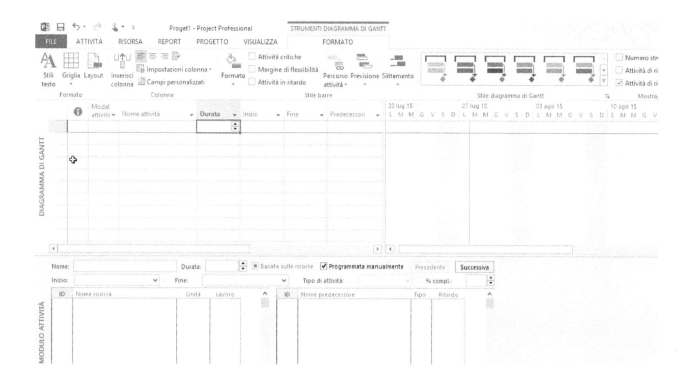

Quando, invece, risulta attiva la parte inferiore della Finestra, i dati della Scheda Formato cambiano in verde con la presenza di una ulteriore serie di comandi.

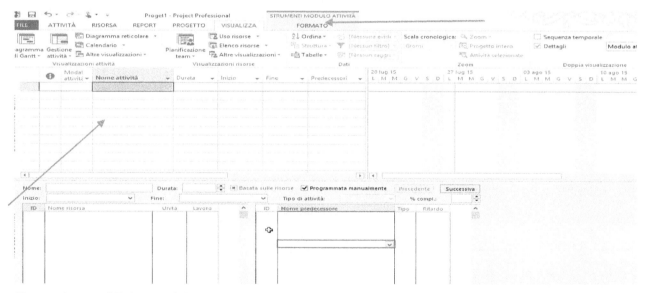

Elementi dinamici della barra multifunzione 2

Elementi dinamici della barra multifunzione 3

E questo anche se si tratta delle risorse.

Elementi dinamici della barra multifunzione 4

ATTENZIONE!

Quando si indicano le azioni da seguire con i comandi della Barra Multifunzione, questi sono da intendersi in sequenza. Ad esempio, quando si dice "Scheda Attività, Gruppo Programmazione, Contrassegna come puntuale", significa che occorre cliccare prima sulla Scheda Attività, qualora sia attiva un'altra Scheda, andare nel Gruppo programmazione poi scegliere il tasto contrassegna come puntuale.

Schematicamente la sequenza è così:

Scheda Attività ⟶ Gruppo Programmazione ⟶ Contrassegna come puntuale

Per passare da una visualizzazione ad un'altra si hanno differenti possibilità.

Clic sulla Scheda Visualizza

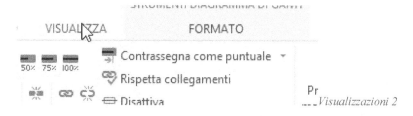

Visualizzazioni 2

Nel Gruppo Visualizzazione Attività o Risorse fare clic sulla vista che si vuole utilizzare.

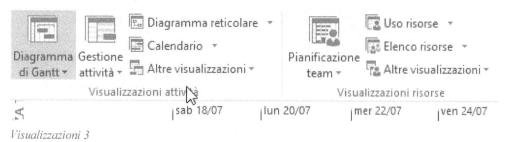

Visualizzazioni 3

Oppure si può cliccare direttamente sul Diagramma di Gantt, o su Diagramma reticolare.

Si può, poi, cliccare su Diagramma Reticolare che offre altre possibilità di scelta.

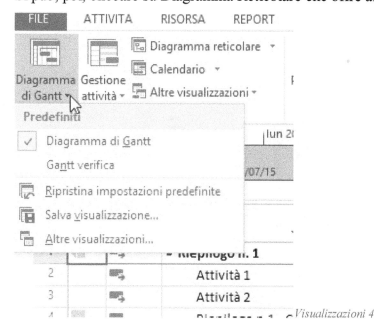

Visualizzazioni 4

Cliccare su Altre visualizzazioni.

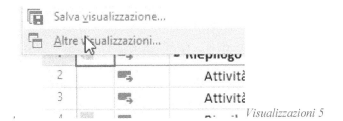

Visualizzazioni 5

Infatti, si apre la scheda dove operare le scelte più opportune.

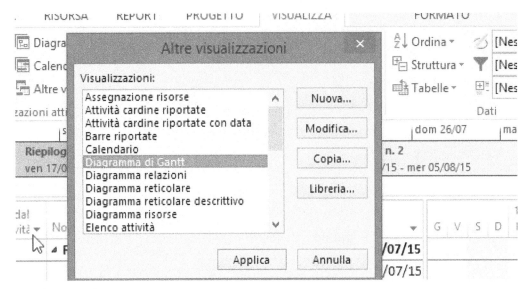

Visualizzazioni 6

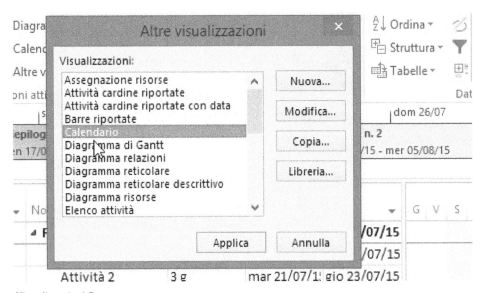

Visualizzazioni 7

Analoghe scelte possono essere compiute nel gruppo Visualizzazione risorse.

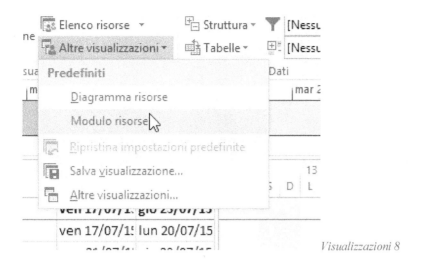

Visualizzazioni 8

In Pianificazione Team, nella scheda risorse.

Visualizzazioni 9

In alternativa si può anche fare clic con il taso destro del mouse sulla Barra di Project, a sinistra nella finestra di Microsoft Project e selezionare la vista:

Visualizzazioni 10

O scheda Attività, Diagramma di Gantt cliccare sulla freccia nera

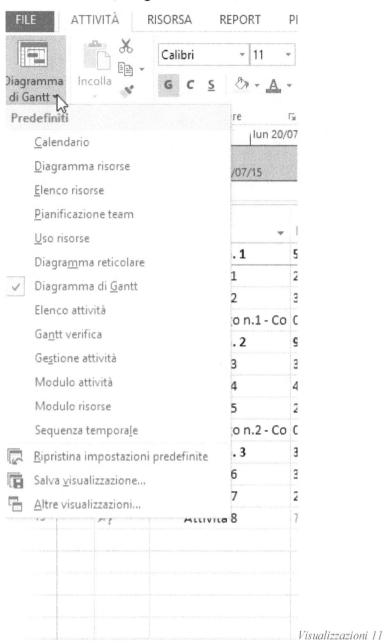

Visualizzazioni 11

Infine, si può scegliere tra i vari pulsanti posti a destra sulla barra di stato

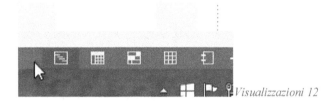

Visualizzazioni 12

Visualizzazioni 13

Visualizzazioni 14

Visualizzazioni 15   *Visualizzazioni 16*

Funzione di Zoom ed evidenziare segmenti specifici del progetto.

Quando i progetti sono molto grandi, non si riesce a vederli bene sullo schermo.

In questi casi si può ricorrere alla funzione di Zoom, cliccando sulla scheda Visualizza, Gruppo Zoom:

Zoom 1

Qui si hanno molteplici possibilità.

Si può cliccare direttamente su "Progetto intero";

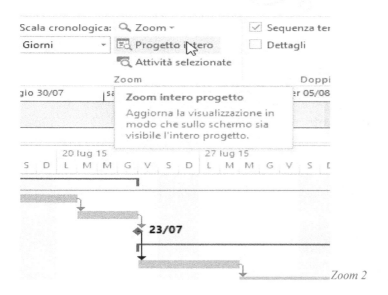

Zoom 2

O scegliere le varie possibilità nel sotto menù Zoom.

Zoom 3

Cliccando su Zoom si apre la seguente schermata dove si possono operare altre scelte.

Zoom 4

Si può indicare l'arco temporale che interessa visualizzare scegliendo tra:

- 1 settimana
- 2 settimane
- 1 mese
- 3 mesi
- Attività selezionata
- Intero progetto

Project 2013 consente, poi, di specificare nel dettaglio il tempo del progetto che si vuole visualizzare nella spazio "Personalizzato", indicando il giorno esatto.

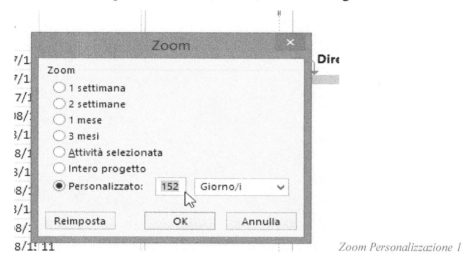

Zoom Personalizzazione 1

Scriviamo, ad esempio, il giorno che ci interessa o la settimana

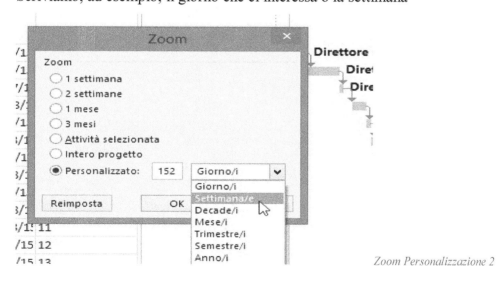

Zoom Personalizzazione 2

O il mese, il Trimestre, il Semestre o l'Anno di indagine (*nel Syllabus Ecdl Project Planning si parla di "segmenti specifici di progetto"*).

Per i progetti che durano anche anni, la funzione Zoom è di notevole aiuto.

Infine, si può operare sui selettori posti sulla destra della Barra di Stato

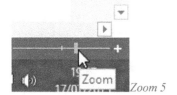 *Zoom 5*

1. Apri l'applicazione Microsoft Project seguendo le varie opzioni possibili (a seconda del sistema operativo)

2. Chiudi Project 2013 ma lascia aperta l'applicazione

3. Scegli un modello di progetto tra quelli disponibili

4. Salva il progetto come file xml e pdf sul desktop

5. Salva il progetto come modello di progetto

6. Quali, tra questi, indica l'estensione di un file modello di progetto:

    o   .mpt

    o   .mpp

    o   .xls

    o   .xml

7. Durante quale fase di salvataggio appare la schermata che richiede di indicare le corrispondenze dei campi?

8. Che cosa indica il termine "Diagramma di Gantt"

9. Apri un progetto da modello esistente ed applica la visualizzazione Diagramma reticolare

10. Quante Schede presenta la finestra di Project?

11. Dove si trova il pulsante "Contrassegna come puntuale"?

12. Indica i due tipi di programmazione previsti in Project

13. Su quale pulsante si agisce per impostare un orario di lavoro diverso da quello predefinito?

14. Visualizza l'elenco risorse

15. Visualizza l'intero progetto

16. Chiudi il progetto ed esci dall'applicazione

Obiettivi del capitolo

Nel precedente capitolo si è visto come installare il software Project 2013.

In questo capitolo si entrerà nel dettaglio della creazione di un progetto, utilizzando i modelli messi a disposizione da Project o creandone uno nuovo.

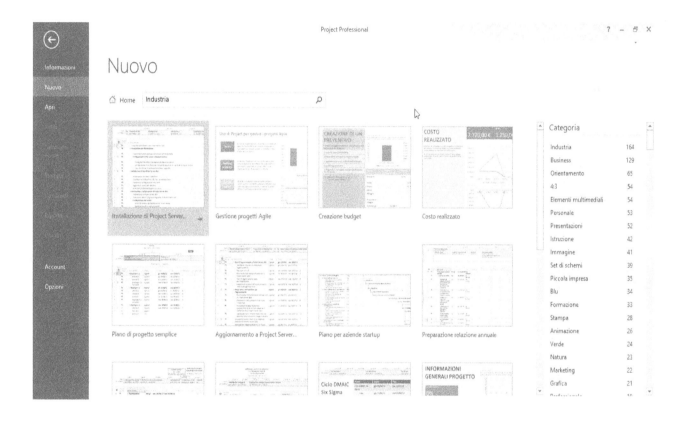

Capitolo 3. Avviare un nuovo progetto

Creare un progetto nuovo o sulla base di modelli.

Per creare un nuovo progetto, come detto, si possono seguire due percorsi: o si crea un nuovo progetto vuoto o si parte da uno dei modelli presenti in Project 2013.

Consideriamo i modelli di Project.

Avviamo la nostra applicazione.

Scelta modello di progetto 1

Come si può vedere, Project offre la possibilità di scegliere tra vari modelli (nuovo da cartella di lavoro Excel, Costi realizzati, per citarne alcuni).

Se i modelli in questione non soddisfano le nostre esigenze, possiamo operare altre ricerche sia sulle voci in alto che online.

Scelta modello di progetto 2

Oppure, si può creare un progetto partendo da "Progetto vuoto" e costruire da zero il piano di

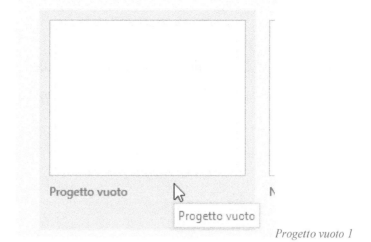

progetto che ci serve.

Progetto vuoto 1

Influenza, sulla pianificazione complessiva del progetto, della programmazione da una data di inizio o fine.

Nel primo capitolo del presente manuale si è definito il progetto come *un'attività temporanea* intrapresa per uno scopo ben preciso.

Gli elementi basilari che occorre stabilire, non appena si inizia a predisporre il piano di progetto sono, quindi, la data di inizio e fine del progetto.

Occorre però considerare che non sempre il Project Manager conosce entrambe le date, ad esempio perché si attendono dei permessi del Comune nel caso della costruzione di una casa.

Comunque, anche se le date non sono note, i **progetti dovrebbero sempre essere programmati partendo dalla data di inizio in quanto ciò consente di avviare tutte le attività il prima possibile** e ciò quand'anche si conosca la data di fine.

E' anche possibile impostare la programmazione partendo dalla data di fine con il vantaggio, in questo caso, di conoscere l'ultima data utile entro la quale avviare il progetto e, in ultima analisi, il ritardo massimo consentito per iniziare

Come detto sopra, infatti, è meglio impostare la programmazione dalla data di inizio.

Se il Project Manager non conosce subito questa data o vuole sapere prima la data limite entro il quale il progetto deve partire, può impostare la programmazione dalla data di fine. In questa flessibilità si vede uno dei punti di forza di un'applicazione di Project Management).

Inserimento delle informazioni base del progetto: data di inizio, data di fine, opzioni di pianificazione.

Scegliamo, quindi, Progetto vuoto.

Per impostazione predefinita, Project 2013 indica, come data di inizio del progetto, anche se non si è indicata ancora alcuna attività, la data corrente, intesa come momento in cui si apre l'applicazione di Project.

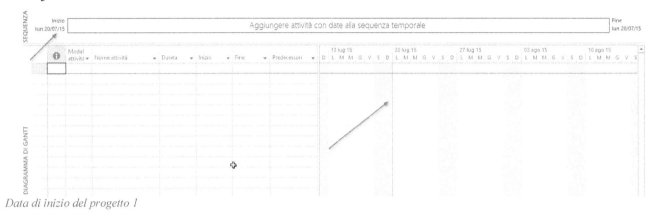

Data di inizio del progetto 1

Ciò risulta sia dalla data posta accanto dalla Sequenza temporale, sia da una linea verde verticale posta sulla destra sull'area del Diagramma di Gantt.

Si può cambiare questa impostazione agendo sulla sceda Progetto, Riepilogo Informazioni del Gruppo Proprietà:

Scheda Progetto 1

Riepilogo Informazioni 1

Si apre la scheda **Riepilogo Informazioni** del Progetto di riferimento nella quale possiamo apportare le modifiche che interessano.

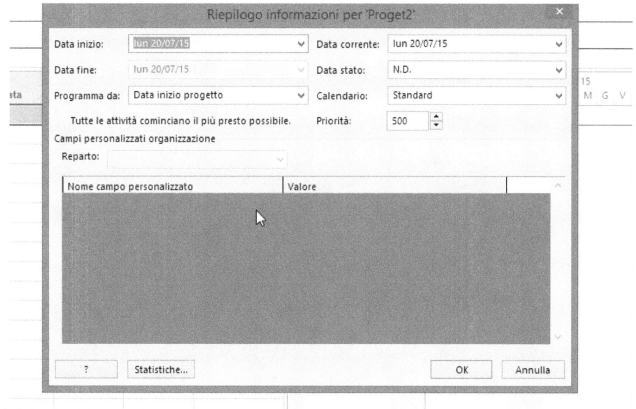

Scheda Riepilogo Informazioni 1

Come si vede la data di inizio è indicata nel 20 luglio 2015, data di apertura del file di progetto. Interveniamo subito cambiando la relativa data e scegliendo il 1° settembre 2015.

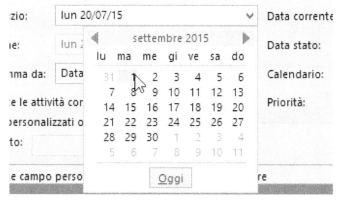

Scheda Riepilogo Informazioni 2

Come data di programmazione lasciamo Data inizio progetto

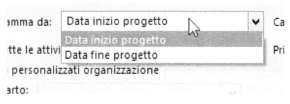

Scheda Riepilogo Informazioni 3

La scheda ci offre ulteriori elementi da indicare come il calendario tra i quali possiamo scegliere 24 Ore, Standard e Turno di notte.

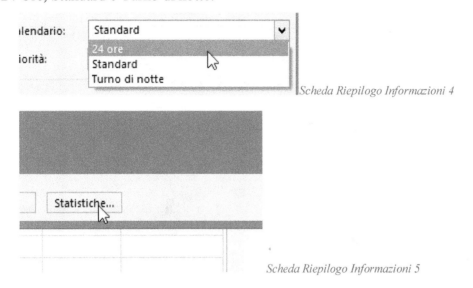

Scheda Riepilogo Informazioni 4

Scheda Riepilogo Informazioni 5

Cliccando sulla voce Statistiche si apre un'ulteriore scheda che ci consente di avere rapide informazioni su vari dati del progetto, ora vuoto in quanto non si è indicato nulla.

Statistiche del progetto 'Proget2'			
	Inizio		Fine
Corrente	mar 01/09/15		mar 01/09/15
Previsione	N.D.		N.D.
Effettivo	N.D.		N.D.
Variazione	0g		0g

	Durata	Lavoro	Costo
Corrente	0g?	0h	€ 0,00
Previsione	0g	0h	€ 0,00
Effettivo	0g	0h	€ 0,00
Rimanente	0g?	0h	€ 0,00

% completamento:

Durata: 0%   Lavoro: 0%   Chiudi

Scheda Riepilogo Informazioni 6 Statistiche

Infine, cliccando sul simbolo "?" posto in basso sulla sinistra, si apre la guida di Project

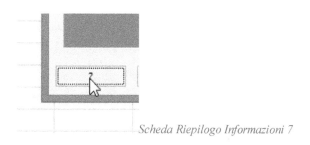

Scheda Riepilogo Informazioni 7

Scheda Riepilogo Informazioni 8 – Guida di Project

Informazioni avanzate (titolo e Manager definito, nel Syllabus Ecdl Project Planning, il gestore del progetto)

Le informazioni iniziali del progetto possono essere definite anche nella finestra di dialogo **Informazioni Progetto** alla quale si accede cliccando su File.

Informazioni progetto 1

Nel dettaglio della scheda Informazioni Progetto, si possono indicare data di inizio e fine (qui già presenti perché stabiliti prima), oltre a stabilire da quando far partire la programmazione.

Informazioni progetto 2

Informazioni progetto 3

Cliccando sulla freccetta posta accanto ad Informazioni progetto, inoltre, si aprono ulteriori schede sulle quali intervenire:

Informazioni progetto 4

Proprietà avanzate e Statistiche del progetto.

La scheda Statistiche apre la schermata di cui alla Figura vista prima, Riepilogo Informazioni Statistiche mentre, per quanto si riferisce alla Scheda Proprietà avanzate, si accede ad un'altra finestra dopo si può indicare, nella Scheda Riepilogo, dati come il Titolo del Progetto, l'oggetto ed il Manager del progetto.

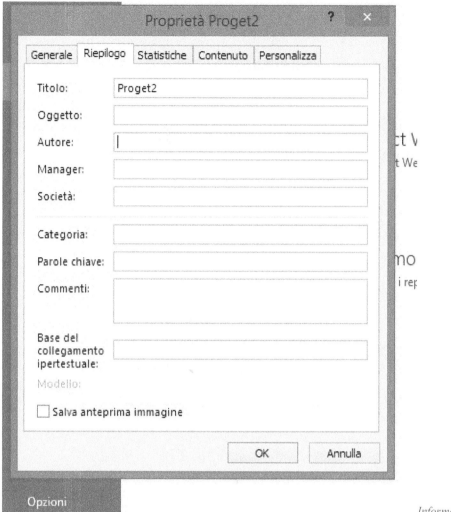

Informazioni progetto 5

Il calendario del progetto: calendario di base, tempo lavorativo, giorni non lavorativi.

Il **calendario del progetto** definisce la programmazione lavorativa per l'intero progetto.

95

Le impostazioni del calendario di progetto stabiliscono, altresì, le ore ed i giorni lavorativi e non lavorativi per le risorse e per le attività, sempre che non si programmino date diverse intervenendo sui calendari delle risorse e delle attività.

Ed infatti, oltre al Calendario del Progetto in Project 2013 si hanno:

- Il **Calendario delle risorse**, dove sono specificati i giorni lavorativi e non lavorativi di una specifica risorsa, stabilendosi eccezioni al calendario di progetto per turni differenti, ferie o assenze.

- Il **Calendario delle attività**, che viene applicato alle singole attività. Qualora, peraltro, alle attività sono assegnate risorse, le attività sono programmate in base al calendario delle risorse, o dell'intero progetto se non si specifichi altrimenti.

Relativamente all'orario, per impostazione predefinita, Project 2013 utilizza il Calendario Standard in base al quale si ha una giornata lavorativa che va dalle 9:00 di mattina alle 18:00 del pomeriggio, dal Lunedì al Venerdì.

Oltre al Calendario Standard, si possono operare altre due scelte, come anche visto nella Scheda Riepilogo Informazioni, Progetto, Gruppo Proprietà:

- Il Calendario 24 ore, con una programmazione di lavoro continuato

- Calendario Turno di notte, che prevede una programmazione dalle 23:00 alle 8:00 di mattina con un'ora di pausa.

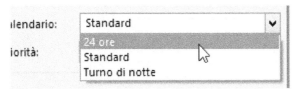

I calendari 1

Si parla anche di **Calendario di base** per indicare i calendari Standard, 24 ore e Turno di notte.

Per impostare un calendario specifico per l'intero progetto occorre seguire i seguenti passi:

1. Visualizzare la scheda progetto
2. Cliccare su Modifica Orario di lavoro

Modifica orario di lavoro 1

Modifica orario di lavoro 2

Si apre la Scheda Modifica Orario di Lavoro dove è possibile scegliere il Calendario preferito nonché apportare, ai tempi di progetto, ulteriori modifiche.

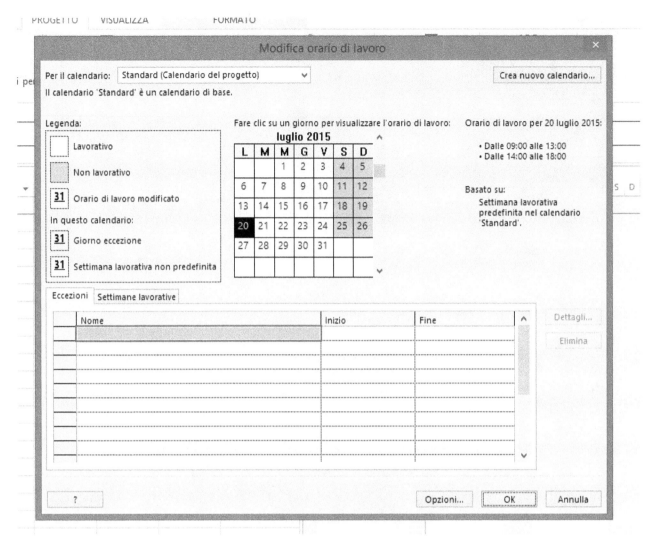

Modifica orario di lavoro 3

Possiamo scegliere il Tipo di calendario

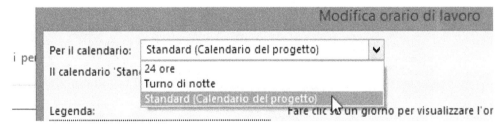

Modifica orario di lavoro 4 Dettagli

Od apportare eccezioni alle gornate lavorative.

Clicchiamo, infatti, su "Settimane lavorative".

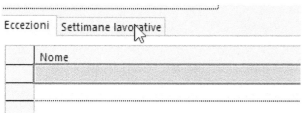

Modifica orario di lavoro 5

Andiamo con il mouse su Nome e selezioniamo Dettagli sull'estrema destra perché vogliamo impostare il sabato mattina come giornata lavorativa.

Ed infatti, come si vede dalla freccia rossa, il Sabato e la Domenica sono indicati come giornate non lavorative.

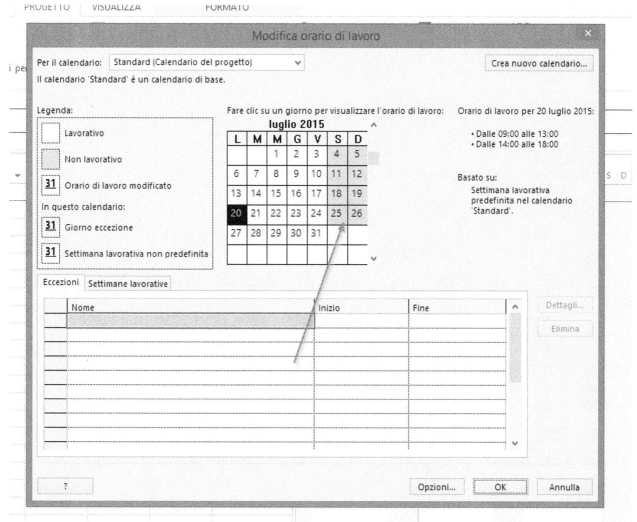

Modifica orario di lavoro 6

Clicchiamo su Dettagli.

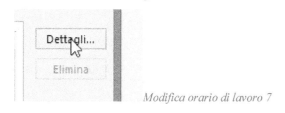

Modifica orario di lavoro 7

Si apre l'ulteriore scheda "Dettagli per [Predefinita]" dove sono riportati gli orari del Calendario Standard.

Clicchiamo, ad esempio, su Sabato, perché, nel nostro progetto, il Sabato mattina si lavora.

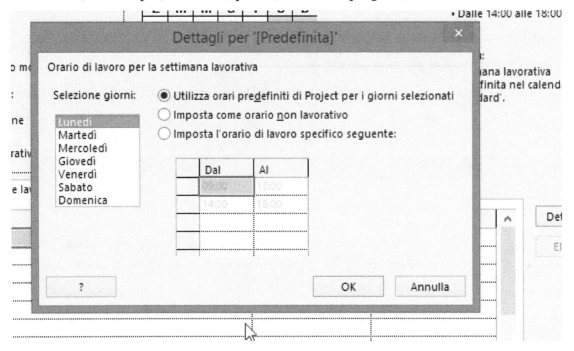

Modifica orario di lavoro 8

Impostiamo, poi, l'orario 9:00/12:00 e selezioniamo la voce "Imposta l'orario di lavoro specifico seguente".

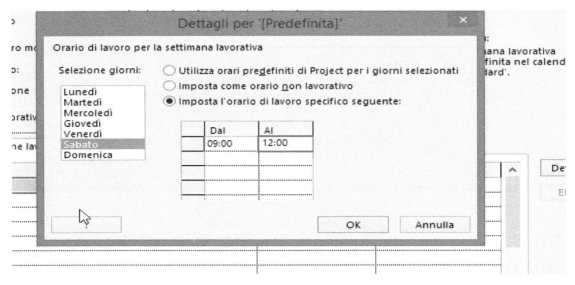

Modifica orario di lavoro 9

Ritorniamo alla schermata di prima.

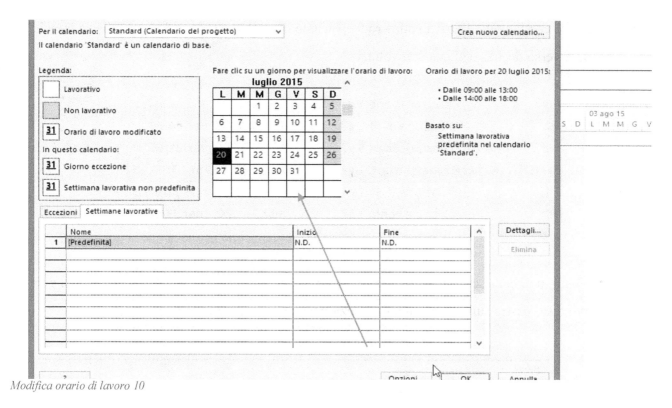

Modifica orario di lavoro 10

La freccia blu ora mostra come il Sabato sia in bianco in quanto giornata lavorativa.

Clicchiamo, infine, nuovamente ok.

Si procede analogamente nel caso si voglia assegnare un calendario ad una specifica attività o risosrsa solo che, in questo caso, dopo le dovute impostazioni, occorre associare il calendario all'attività o alla risorsa.

Consideriamo un calendario da associare all'attività.

Consideriamo, ad esempio, il seguente Progetto[iii]

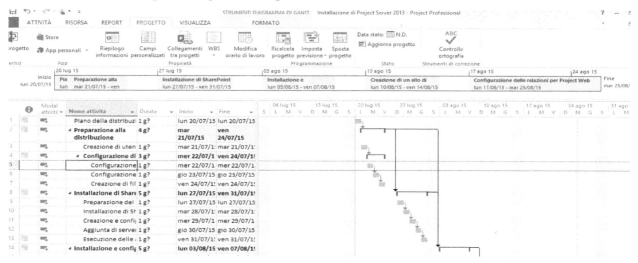

Modifica orario di lavoro di un'attività 1

Selezioniamo con il mouse l'attività numero 9 e, quando il puntatore assume la forma di una freccia nera con punta verso destra, si clicca una volta.

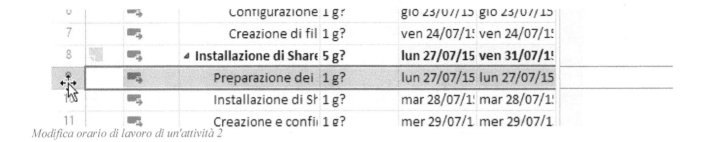

Modifica orario di lavoro di un'attività 2

Selezioniamo, poi, sulla scheda Attività la finestra Infomazioni, sulla destra (in alternativa si può cliccare con il tasto destro sull'attività ancora selezionata e cliccare Informazioni).

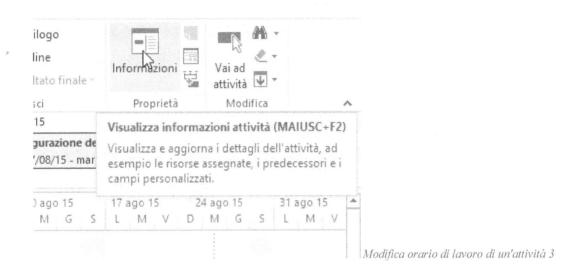

Modifica orario di lavoro di un'attività 3

Modifica orario di lavoro di un'attività 4

Si apre la finestra Informazioni Attività.

Clicchiamo su Avanzate

Modifica orario di lavoro di un'attività 5

Qui possiamo scegliere il calendario da associare all'attività, ad esempio turno di notte.

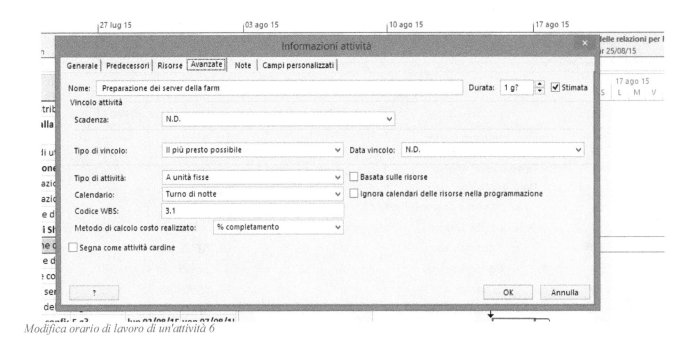

Modifica orario di lavoro di un'attività 6

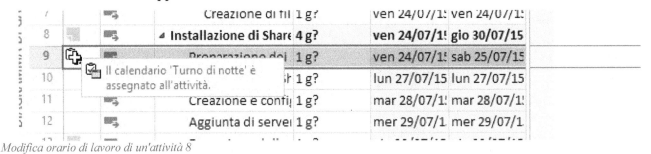

Modifica orario di lavoro di un'attività 7

Clicchiamo nuovamente ok.

Passando il mouse sopra una piccola icona vicino al numero 9 siamo avvisati che il calendario "Turno di notte" è stato applicato all'attività.

			Creazione di fil	1 g?	ven 24/07/1!	ven 24/07/1!
8			◢ Installazione di Share	4 g?	**ven 24/07/1!**	**gio 30/07/15**
9			Preparazione dei	1 g?	ven 24/07/1!	sab 25/07/15
10			Il calendario 'Turno di notte' è assegnato all'attività. Sh	1 g?	lun 27/07/15	lun 27/07/15
11			Creazione e confij	1 g?	mar 28/07/1!	mar 28/07/1!
12			Aggiunta di serve	1 g?	mer 29/07/1	mer 29/07/1

Modifica orario di lavoro di un'attività 8

Per associare un calendario ad una specifica risorsa, invece, occorre prima passare alla Visualizzazione Elenco Risorse.

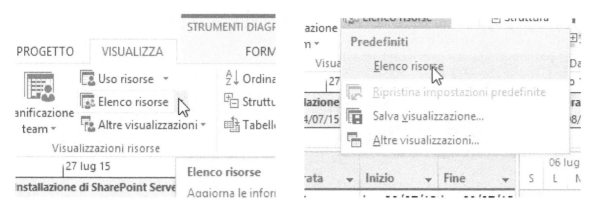

Modifica orario di lavoro di una risorsa 1

E cliccare su elenco risorse

Modifica orario di lavoro di una risorsa 2

La colonna "Calendario di base" ci consente di scegliere quale calendario assegnare alla risorsa.

Modifica orario di lavoro di una risorsa 3

Turno di notte, come nel caso in esame.

Facendo, poi, doppio clic sul nome della risorsa selezionata, si apre la Finistra Informazioni Risorsa.

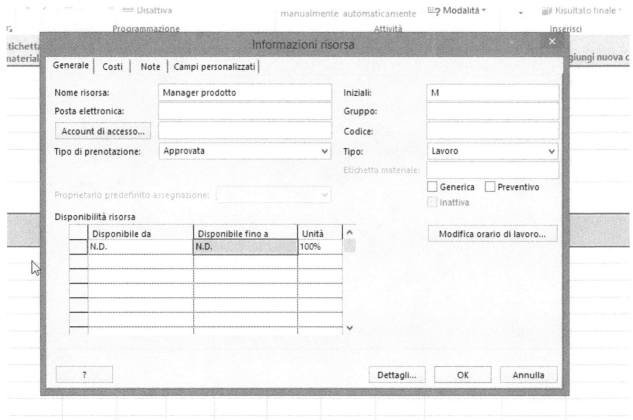

Modifica orario di lavoro di una risorsa 4

Quive, cliccando su Modifica orario di lavoro, si apre la finestra vista prima che consente di apportare tutte le modifiche ed eccezioni.

Modifica orario di lavoro di una risorsa 5

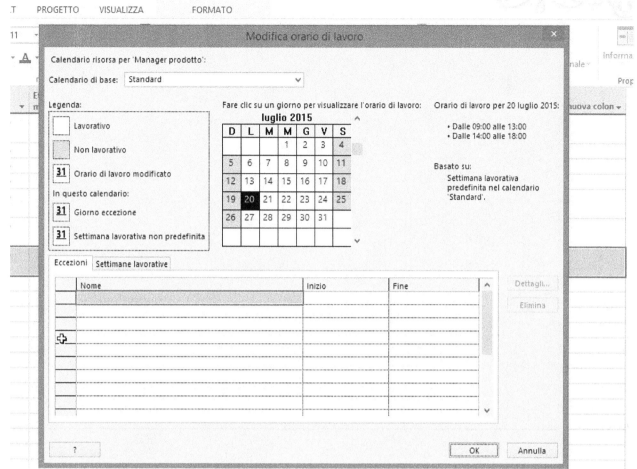

Modifica orario di lavoro di una risorsa 6

Ottenere aiuto da Project 2013: Guida di Project

Project ci viene in aiuto in caso di dubbi.

Ed infatti, qualora non conosciamo, ad esempio, i passi da seguire per compiere una determinata attività, possiamo cliccare sul punto interrogativo "?" posto sulla destra in alto della schermata di Project.

Guida di Project 1

Si apre la Guida di Project.

Guida di Project 2

Cerchiamo, ad esempio, informazioni sui Calendari.

Project ▾

A˙ calendari

sistenza?

di ricerca per segnalarci quello che
o del nostro meglio per trovare una

Guida di Project 3

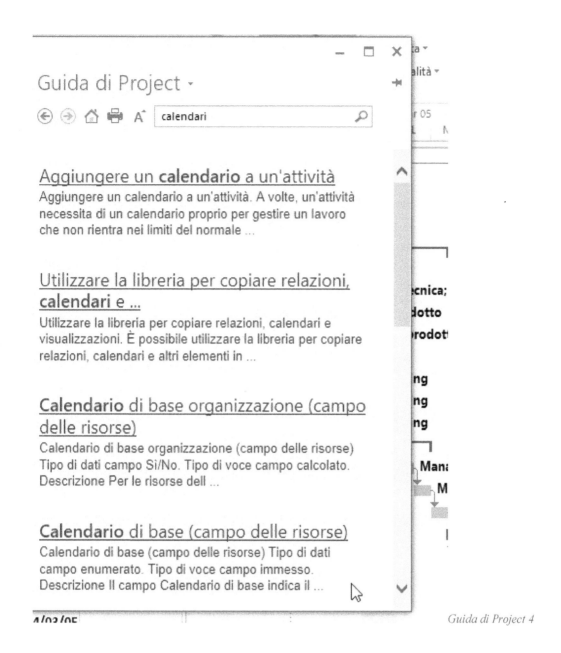

Guida di Project 4

Si ottengono una serie di informazioni che, volendo, possiamo anche stampare.

A volte, un'attività necessita di un calendario proprio per gestire un lavoro che non rientra nei limiti del normale calendario di progetto. Ad esempio, quando è necessario aspettare le 5 del pomeriggio per disattivare la rete e installare le patch del software di cui si ha bisogno, è possibile utilizzare un calendario attività per assicurarsi che il lavoro non interferisca con l'andamento del progetto durante le normali ore di attività.

Un calendario attività consente inoltre di pianificare attività specifiche che vengono eseguite di notte, nel weekend oppure ininterrottamente (24 ore su 24). Ecco come aggiungere un'attività calendario:

1. Fare clic su **Visualizza** > **Diagramma di Gantt**.

2. Fare clic con il tasto destro sull'attività nell'elenco, quindi fare clic su **Informazioni**.

3. Nella scheda **Avanzate** selezionare il calendario desiderato nella casella **Calendario**.

Ad esempio, selezionare **Turno di notte** o **24 ore**.

Guida di Project 5

110

1. Apri un progetto vuoto e salvalo con il nome "Progetto" sul Desktop.

2. Nella Finestra Riepilogo Informazioni, imposta la programmazione a partire dalla data di inizio indicando una data a scelta

3. Apri la Guida di Project e cerca informazioni sulle attività cardine

4. Quando non si conosce la data di inizio precisa di un progetto, la programmazione delle attività da quando dovrebbe essere impostata?

5. Inserisci il tuo Nome e Cognome come Manager di Progetto

6. Che cosa si intende per "calendario del progetto"?

7. In Informazioni Progetto applica il calendario 24 ore

8. Che cosa si intende per "calendario delle risorse" e "delle attività"?

9. Imposta il Sabato come giornata lavorativa indicando i seguenti orari: "9:00-12:00" e "13:00-18:00"

10. Visualizza le informazioni di un'attività a scelta

11. Apri la Visualizzazione Elenco risorse ed assegna, alla prima risorsa, il calendario Turno di notte

12. Si può assegnare un calendario ad una risorsa operando tramite la Tabella del Diagramma di Gantt?

Obiettivi del capitolo

In questo capitolo si lavorerà con le attività del progetto, che ne rappresentano la struttura portante attraverso la quale si realizza il progetto.

Nello specifico si apprenderà:

- A lavorare e modificare le attività;

- Ad impostare le relazioni logiche di precedenza tra le attività;

- Ad operare con la durata delle attività, anche impostando ritardi, anticipazioni ed interruzioni nella attività;

- Distinguere tra le attività cardine e di riepilogo;

- A conoscere ed impostare vincoli e scadenze alle attività;

- Ad operare con le note ed i collegamenti ipertestuali.

Capitolo 4. Attività: Fase di Pianificazione

Sezione 1: Creazione delle attività

Stabilita la data di inizio del progetto e le altre informazioni preliminari, occorre adesso iniziare ad indicare le attività che ne rappresentano la struttura fondamentale.

Per individuare le attività delle quali è composto il progetto[iv], si può ricorrere a varie tecniche, sempre considerando, come punto di partenza, lo scopo del progetto, vale a dire la ragione ultima per il quale si sta intraprendendo il progetto:

- Brainstorming (letteralmente battaglia di idee/cervelli) che, nello specifico, si riferisce all'inserire le attività così come vengono alla mente, senza considerare le eventuali relazioni le une con le altre. Si tratta di predisporre un'elencazione, in prima battuta, che verrà specificata e dettagliata successivamente;

- Per fasi, vale a dire stabilire le fasi principali del progetto e, successivamente, le sotto-fasi delle quali è composto;

- Fissare subito le attività cardine, le attività che indicano, in Project, i traguardi o gli eventi significativi, procedendo poi all'individuazione delle altre;

- Considerare le informazioni fornite dal Gruppo di progetto o Team Collaboration;

- I precedenti progetti;

- I consigli di esperti, particolarmente utili qualora il Project Manager non sia pratico nella tematica dello specifico progetto. Ciò non deve essere visto come qualcosa di negativo anche perché, per quanto competente, il Project Manager non può conoscere nel dettaglio tutte le singole attività necessarie al compimento di un progetto.[v]

Oltre a ciò bisogna scegliere nomi di attività che siano il più possibile descrittivi e collegati logicamente con lo scopo del progetto.

E' importante, infatti, quando si nominano le attività, seguire alcune regole:

1. Optare per definizioni descrittive del lavoro da eseguire, ad esempio "Acquisto vernice";

2. Se il progetto è complesso e quindi suddiviso in sotto-fasi, nelle sotto-attività non vanno ripetuti i nomi delle attività di riepilogo, salvo che non risponda ad esigenze di chiarezza;

3. Se alle attività sono state assegnate delle risorse, non si debbono includere i nomi di queste, in quanto Project ha gli appositi spazi per inserire i nomi delle risorse.[vi]

Entriamo nel dettaglio.

Ipotizziamo di dover ristrutturare un appartamento. Le prime attività che occorre compiere, a titolo di esempio, sono:

1. Rimozione vecchie mattonelle dal bagno
2. Rimozione mattonelle vecchie dalla cucina
3. Rimozione sanitari vecchi
4. Scelta operai
5. Acquisto vernice
6. Sostituzione tubature in bagno
7. Rifacimento impianti idrici
8. Rifacimento impianto elettrico
9. Stuccatura pareti
10. Rasatura pareti
11. Verniciatura
12. Nuovi impianti sanitari

Una volta stabilite le principali attività, si può iniziare a costruire la struttura del progetto, entrando poi nel dettaglio.

Iniziamo, pertanto, ad inserire le attività sopra elencate.

Preliminarmente, però, occorre sottolineare che le attività in Project seguono due tipi di programmazione.

La **programmazione manuale**, che offre al Project Manager la più ampia libertà di manovra nella fissazione dei tempi ma non consente di trarre beneficio dal principale punto di forza di Project 2013, vale a dire di riprogrammare automaticamente le attività quando si verificano cambiamenti.

E' pertanto consigliabile procedere con la **programmazione automatica**, come anche richiesto in sede di esame.

Quando si avvia Project, per impostazione predefinita, la programmazione è manuale.

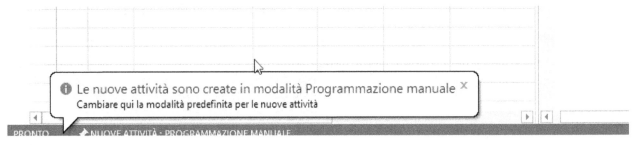

Scelta tipo programmazione 1

Per optare per quella automatica, si può:

- Agire sulla barra di stato, prima di inserire l'attività, con efficacia per tutto le attività

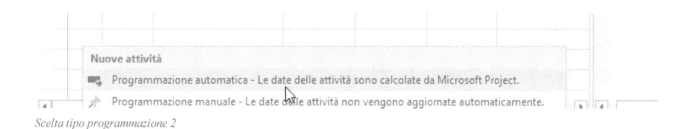

Scelta tipo programmazione 2

- Scegliere, per ogni singola attività, il tipo di programmazione, cliccando su Modalità attività, posta prima dell'attività selezionata

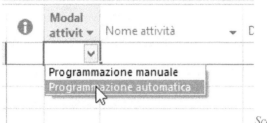

Scelta tipo programmazione 3

- Selezionare le attività che interessano

Scelta tipo programmazione 4

E poi cliccare su Scheda Attività, Programma automaticamente, Gruppo Attività.

Scelta tipo programmazione 5

Infine, sempre in Scheda Attività Gruppo Attività, scegliere in Modalità.

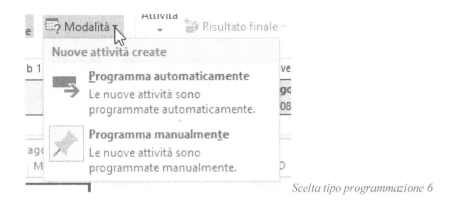

Scelta tipo programmazione 6

Iniziamo a riportare le nostre attività.

Project consente di inserire le attività in differenti modi.

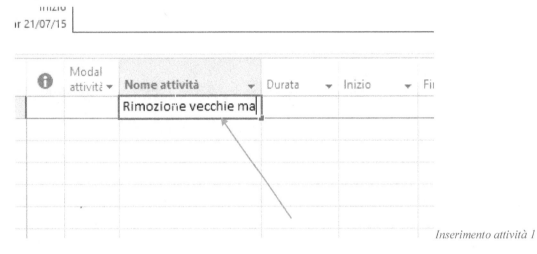

Inserimento attività 1

Una prima possibilità, consiste nello scrivere nella riga selezionata, sono Nome attività.

Completato il nome, si preme invio

Inserimento attività 2

E Project calcola subito la durata, anche se, come detto, è una durata stimata.

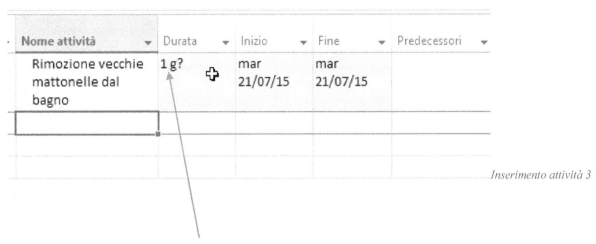

Inserimento attività 3

118

Oltre alla data stimata, indicata con "1 g?", sulla destra, sul Grafico di Gantt appare una barra di colore blu, in corrispondenza della data, 21 luglio 2015,[vii] ad indicare la durata dell'attività "Rimozione vecchie mattonelle dal bagno".

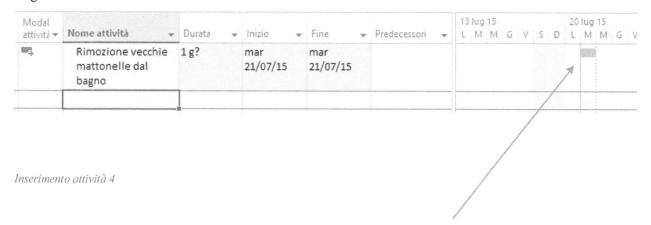

Inserimento attività 4

I nomi delle attività si possono inserire anche con altri modi alternativi.

Si può cliccare sul pulsante "Attività", Gruppo Inserisci, nella scheda Attività

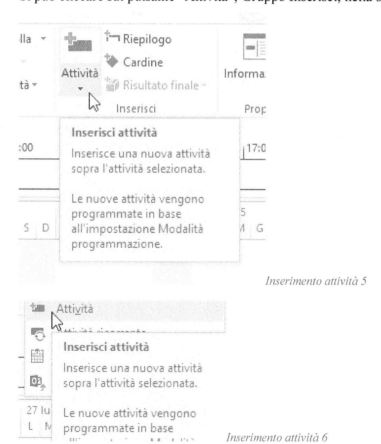

Inserimento attività 5

Inserimento attività 6

Risulta quindi evidenziato lo spazio dove scrivere il nome.

	mattonelle dai bagno		21/07/15	21/07/15
⬛	\<Nuova attività\>	1 g?	mar 21/07/1!	mar 21/07/1!

Inserimento attività 7

Alternativamente si può aprire la scheda informazioni facendo:

- Doppio clic con il tasto sinistro del mouse sulla riga che ci interessa

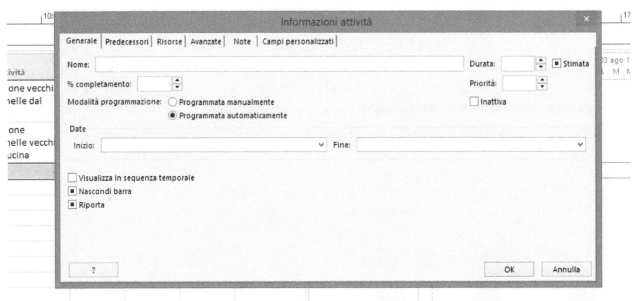

Inserimento attività 8

Si apre la Finestra "Informazioni attività" dove possiamo inserire il nome della nostra attività

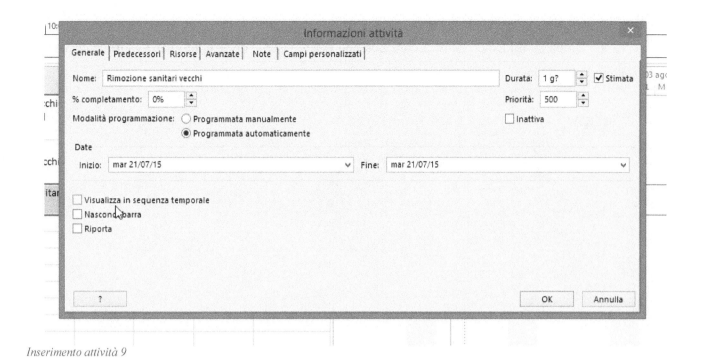

Inserimento attività 9

- Oppure possiamo cliccare sul pulsante Informazioni posto nel Gruppo proprietà, Scheda Attività

Inserimento attività 10

Altro modo per scrivere il nome delle attività è nella visualizzazione dettagli, cui si accede dalla Scheda Visualizza, Gruppo Doppia Visualizzazione

Inserimento attività 11

La finestra viene divisa in due parti:

- In alto il Diagramma di Gantt

- In basso il Modulo Attività dove possono essere inserite diverse informazioni tra le quali il nome dell'attività.

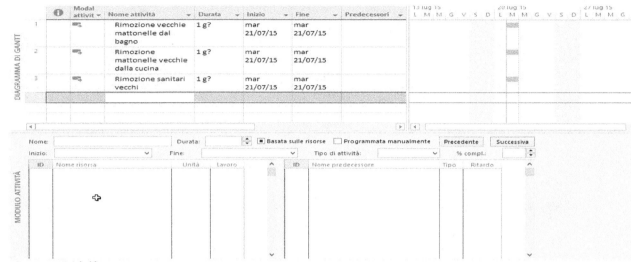

Inserimento attività 12

Scritto il nome o si preme su invio o su Tab, poi Ok

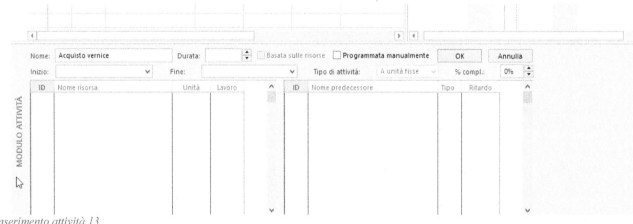

Inserimento attività 13

La nostra attività appare anche nella parte soprastante.

Clicchiamo poi sul tasto Successiva e seguitiamo ad inserire le nostre attività.

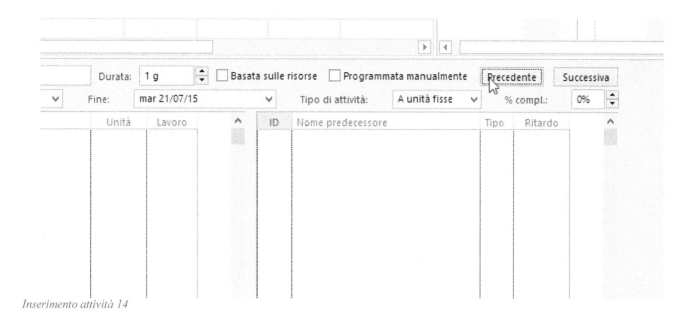

Inserimento attività 14

Possiamo poi inserire attività cliccando il tasto **Ins** sulla tastiera.

Infine, possiamo selezionare più righe sulla finestra di Project, compresa quella[viii] al di sopra della quale vogliamo inserire delle attività.

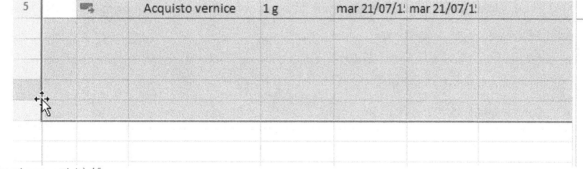

Inserimento attività 15

Clicchiamo, poi, sul pulsante Attività

Inserimento attività 16

Ottenendo l'inserimento di più attività contemporaneamente dove dovremo solo inserire i nomi.

Terminato l'inserimento, qualunque modalità abbiamo scelto, la Finestra si dovrebbe presentare così:

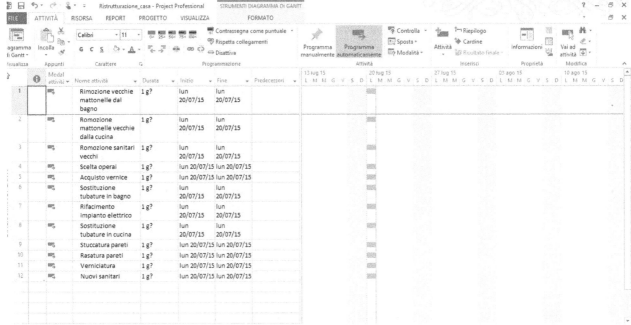

Le attività inserite 1

Operazioni sulle attività: modificare, spostare, duplicare ed eliminare un'attività.

Project 2013 ci consente anche di compiere una serie di operazioni sulle attività, qualora ci rendessimo conto che l'ordine da noi scelto non sia corretto.

Ipotizziamo, ad esempio, che l'attività "Acquisto vernice", sia stata indicata dopo "Scelta degli operai" quando, invece, avrebbe dovuto essere l'opposto.

Per spostare velocemente la riga è sufficiente:

- Evidenziare la riga che interessa

		Scelta operai	1 g?
5		Acquisto vernice	1 g?
6		Sostituzione tubature in bagno	1 g?
7		Rifacimento	1 g?

Spostare le attività 1

	Scelta operai	1 g?	lun 20/07/15	lun 20/07/15
	Acquisto vernice	1 g?	lun 20/07/15	lun 20/07/15
	Sostituzione tubature in bagno	1 g?	lun 20/07/15	lun 20/07/15

Spostare le attività 2

- Spostare il mouse sulla sinistra, sempre sopra la riga evidenziata, e quando assuma la forma di una croce a doppie punte spostare verso l'alto.

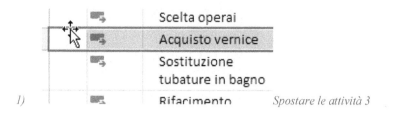

1)   *Spostare le attività 3*

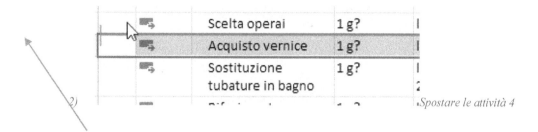

2)   *Spostare le attività 4*

Il segno di spostamento si vede dal fatto che appare come un trattino grigio, poi una intera riga grigia.

		Romozione sanitari vecchi	1 g?	lun 20/07/15	lun 20/07/15	
		Scelta operai	1 g?	lun 20/07/15	lun 20/07/15	
		Acquisto vernice	1 g?	lun 20/07/15	lun 20/07/15	

Spostare le attività 5

Arrivati sopra la riga di riferimento (qui Scelta operai), rilasciare il mouse.

Come si può vedere, l'attività "Acquisto vernice" si trova ora sopra "Scelta operai".

		vecchi		20/07/15	20/07/15	
4		Acquisto vernice	1 g?	lun 20/07/15	lun 20/07/15	
5		Scelta operai	1 g?	lun 20/07/15	lun 20/07/15	
6		Sostituzione tubature in bagno	1 g?	lun 20/07/15	lun 20/07/15	

Spostare le attività 6

Per eliminare un'attività, possiamo evidenziarla e con il tasto destro del mouse scegliere Elimina.

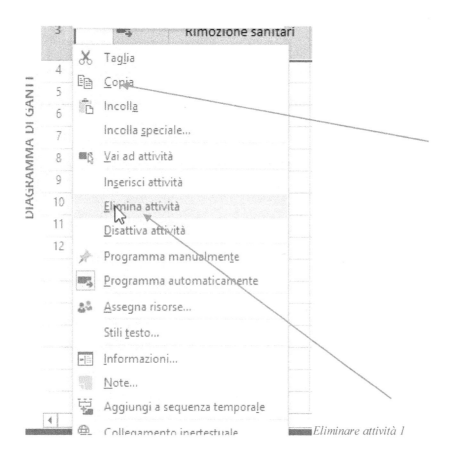

Eliminare attività 1

In alternativa si può anche premere il Tasto Canc sulla tastiera.[ix]

Oppure possiamo copiare un'attività sempre con lo stesso tasto destro o cliccare sul tasto "Copia" presente nella scheda Attività, gruppo Appunti.

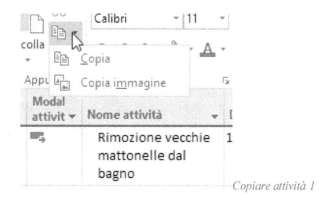

Copiare attività 1

Selezionare poi "Incolla", nello stesso Gruppo o con il tasto destro per incollare l'attività con i suoi parametri nel punto scelto.

Incollare attività 1

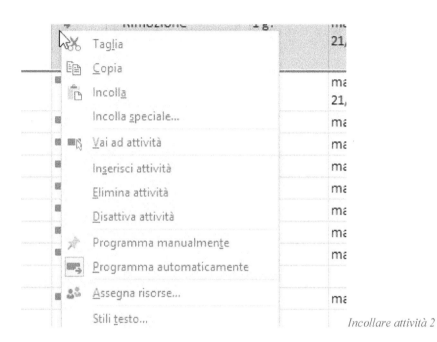

Incollare attività 2

Sotto-attività e fasi del progetto.

Con Project si possono creare sotto-attività nel progetto sia perché si tratta di sotto-fasi di attività più complesse, sia per ottenere anche una miglior leggibilità della struttura posta in essere.

Si distingue, in questo caso, tra

- **Attività di riepilogo** o *Summary Tasks*, rappresentate dalle attività principali
- **Sotto-attività** o *Subtasks*, che, invece, costituiscono il livello subordinato delle precedenti.

In Project si procede così.

Dopo aver apportato alcune modifiche alle nostre attività (inserito l'attività "Rifacimento Impianto idrico alla riga 6, spostato l'attività "Sostituzione tubature cucina" sotto l'attività "Sostituzione tubature bagno"), evidenziamo le due attività.

6		Rifacimento impianto dirico	1 g?	lun 20/07/15	lun 20/07/15	
7		Sostituzione tubature in bagno	1 g?	lun 20/07/15	lun 20/07/15	
8		Sostituzione tubature in cucina	1 g?	lun 20/07/15	lun 20/07/15	
9		Rifacimento impianto elettrico	1 g?	lun 20/07/15	lun 20/07/15	
10		Stuccatura pareti	1 g?	lun 20/07/15	lun 20/07/15	

Sotto-attività 1

Dopo di ché clicchiamo sul pulsante Imposta rientro, Gruppo Programmazione, Scheda Attività.

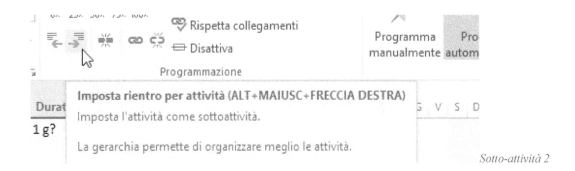

Sotto-attività 2

Come si nota, l'attività "Rifacimento Impianto idrico" è ora evidenziata in grassetto, e presenta un triangolo con punta rivolta verso il basso e le due attività, "Sostituzione tubature bagno" e "Sostituzione tubature cucina", sono rientrate rispetto alla prima.

	◢ Rifacimento impianto dirico	1 g?	lun 20/07/15	lun 20/07/15	
	Sostituzione tubature in bagno	1 g?	lun 20/07/15	lun 20/07/15	
	Sostituzione tubature in cucina	1 g?	lun 20/07/15	lun 20/07/15	
	Rifacimento impianto elettrico	1 g?	lun 20/07/15	lun 20/07/15	
	Stuccatura pareti	1 g?	lun 20/07/15	lun 20/07/15	
	Rasatura pareti	1 g?	lun 20/07/15	lun 20/07/15	

Sotto-attività 3

Sul Diagramma di Gantt, poi, è ora presente un segno di raggruppamento, ad indicare che l'attività "Rifacimento impianto idrico", è data dalla somma dei tempi delle due sotto-attività.

Riepilogo
Attività: Rifacimento impianto dirico
Inizio attività: lun 20/07/15
Fine attività: lun 20/07/15
Durata: 1g

Attività di riepilogo 1

Acquisto vernice	1 g?
Rifacimento impianto dirico	1 g?
Sostituzione	1 g?

Cliccando sul triangolino nero, poi,

Le due sotto-attività vengono nascoste.

Il triangolino diviene bianco.

Acquisto vernice	1 g?	lun 20/07/
Rifacimento impianto dirico	1 g?	lun 20/07/15
Rifacimento impianto elettrico	1 g?	lun 20/07/15

Attività di riepilogo 2

Cliccandoci sopra nuovamente, le due sotto-attività riappaiono.

Acquisto vernice	1 g?	lun 20/
Rifacimento impianto dirico	1 g?	lun 20/07/
Sostituzione tubature in bagno	1 g?	lun 20/07/
Sostituzione tubature in cucina		lun 20/07/

Attività di riepilogo 3

Analogo risultato si ottiene agendo sulla Scheda Visualizza, Gruppo dati, tasto Struttura.

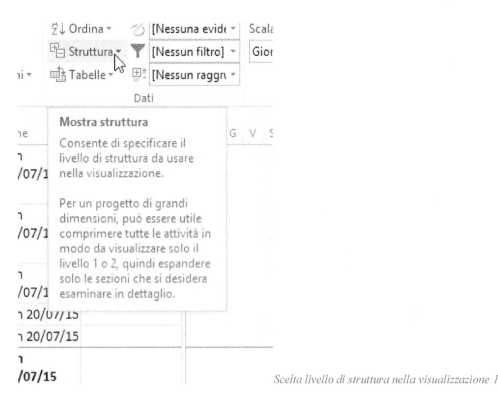

Scelta livello di struttura nella visualizzazione 1

Qui, cliccando su "Nascondi attività", le nostre due sotto-attività scompaiono

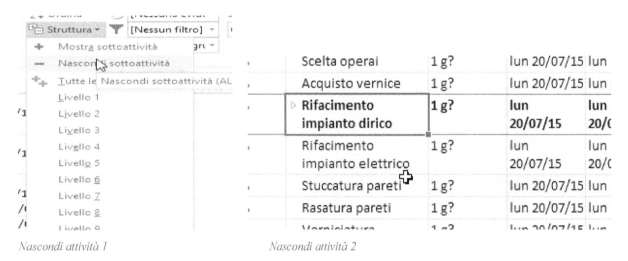

Nascondi attività 1   *Nascondi attività 2*

Cliccando nuovamente su Struttura, ma, stavolta, su "Mostra attività," le attività riappaiono.

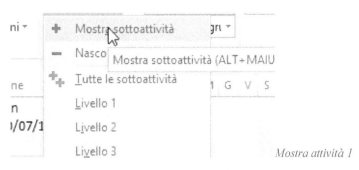

Mostra attività 1

Acquisto vernice	1 g?	lun 20/07/15	lun 20/0
⊿ **Rifacimento impianto dirico**	**1 g?**	**lun 20/07/15**	**lun 20/07/1**
Sostituzione tubature in bagno	1 g?	lun 20/07/15	lun 20/07/1
Sostituzione tubature in cucina	1 g?	lun 20/07/15	lun 20/07/1
programmata automaticamente	?	lun	lun

Mostra attività 2

Per eliminare i rientri, infine, si selezionano le attività di interesse e poi si clicca sul tasto **Imposta rientro negativo** con la freccia verde rivolta verso destra, nel Gruppo Programmazione, Scheda Attività.

Elimina rientro 1

Project, infine, consente di creare ex novo un'attività di riepilogo cliccando sul tasto Riepilogo, Gruppo Inserisci, Scheda Attività.

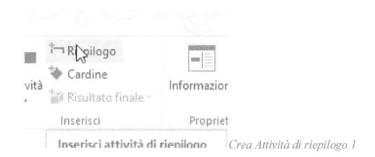

Crea Attività di riepilogo 1

In questo modo si crea una nuova attività che si procederà a nominare con indicazione delle attività subordinate.

Le attività in Project e le nozioni di durata, tempo impiegato, lavoro (o miglior risultato), tempo stimato.

Una volta individuata la struttura del progetto, vale a dire le attività dalle quali è composto, occorre porre l'accento sulla **durata** delle attività, vale a dire sul **tempo necessario per completarle**.

Cominciamo pertanto ad analizzare uno dei punti di forza di un'applicazione di Project Management.

Il tempo necessario a completare un progetto non può, infatti, essere ricavato semplicemente sommando le durate delle varie attività in quanto ciò fornirebbe solo un'immagine statica del progetto che non rifletterebbe il mondo reale fatto di scadenze, vincoli, sospensioni ed imprevisti vari.

Se tutto fosse semplice al Project Manager basterebbe una semplice calcolatrice o, tutt'al più, un foglio di calcolo.

La durata di un progetto, infatti, è la risultante di tre elementi fondamentali

- La durata delle attività
- Le relazioni o le dipendenze tra le attività
- Vincoli e scadenze che richiedono il rispetto di date precise.

La durata delle attività è oggetto della presente trattazione mentre, per quanto si riferisce alle relazioni, ai vincoli ed alle scadenze, si rimanda alla sezione successiva del presente capitolo.

La durata di un'attività, come si è detto, si riferisce ai giorni di lavoro necessari per completarla, che vanno dalla data di inizio alla data di fine della stessa.

Lavorando con i progetti, però, non si ha una sola nozione di durata, ma molteplici.

Una prima distinzione che occorre fare è tra

- **Durata** vista come **arco temporale** che va dall'inizio alla fine di un'attività;
- **Lavoro**, inteso come **quantitativo di tempo che una risorsa impiega per completare l'attività** (concetto tradotto come **"miglior tempo"** in italiano o **"effort"** in inglese).

Un esempio aiuta a comprendere meglio il concetto.

Per dipingere una cucina, ipotizziamo che occorrano 4 giorni (qui si parla di durata).

Un imbianchino che lavora 8 h (ore) al giorno, impiegherà 32 ore per completare l'attività (4g x 8h).

Qui ci si riferisce al lavoro.

Altra nozione che viene in considerazione è quella di Tempo o durata stimata.

Ed infatti quando il Project Manager inizia a stabilire le varie attività, è difficile che conosca subito le durate effettive, potendo solo fare delle stime, delle previsioni di massima.

In Project 2013 la **durata stimata** o *"estimated time"*, secondo la terminologia inglese, è rappresentata da un 1 con accanto un punto esclamativo sotto la colonna durata.

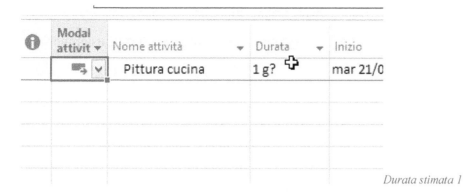

Durata stimata 1

Successivamente, mano a mano che le informazioni disponibili divengono via via maggiori, si potranno indicare date certe.

Anche ricorrendo alle conoscenze dei membri del Team di progetto, o al giudizio di esperti, agli standard industriali di settore o a precedenti progetti, si potranno ricavare elementi per stabilire le durate dei progetti alla cui conservazione si deve provvedere anche per questi profili.

Di "**durata trascorsa**" o "*Elapsed Time*" si parla, invece, per indicare un'attività la cui durata è basata su giornate di 24 ore, settimane di 7 giorni, vale a dire attività continuate.

Riprendiamo l'esempio della pittura della cucina: il tempo per asciugarsi è continuativo, prosegue ininterrottamente giorno e notte senza fermarsi.

Non è lo stesso concetto dello stabilire un calendario di 24 h che, come visto, ha riguardo ad attività programmata senza periodi non lavorativi ma in rapporto al tipo di risorse utilizzate.

L'attività a durata trascorsa, infatti, prescinde dal calendario che, benché di 24 ore, è legato alle risorse.

Consideriamo, a tal proposito, l'attività 3 "Pittura salone" di cui alla successiva figura.

Qui si ha un calendario di 24

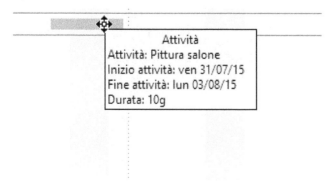

Se, invece, alla stessa attività digitiamo "10gt", Project riprogramma l'attività come svolgentesi per 10 giorni di seguito, non più influenzata dalle risorse, concetti più chiari quando si esaminerà la formula della programmazione.

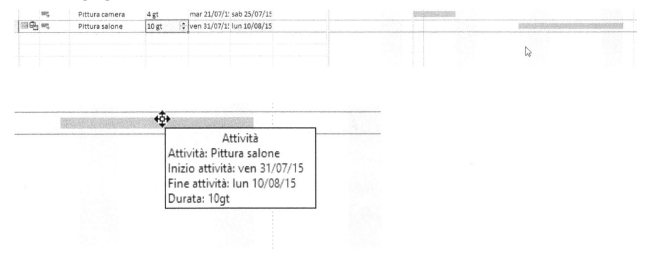

In Project 2013 la durata può variare da pochi minuti a mesi interi.

Da un punto di vista terminologico, si possono utilizzare le seguenti abbreviazioni:

m	minuti	mt	minuti trascorsi
h	ore	ht	ore trascorse
g	giorni	gt	giorni trascorsi
s	settimane	st	settimane
me	mesi	trascorse	
		met	mesi trascorsi

Tabella delle abbreviazioni 1

Indicazione delle abbreviazioni 1

Nota.

Per impostazione predefinita, la durata di una giornata lavorativa in Project è di 8 ore (dalle 9:00 alle 18:00 con un'ora di pausa), di 5 giorni alla settimana (dal Lunedì al Venerdì), quindi di 40 ore settimanali, di 20 giorni al mese.

Per modificare queste impostazioni di base, o si agisce sull'orario di lavoro, come si vedrà nelle pagine seguenti, o in File, Opzioni di Project, Programmazione.

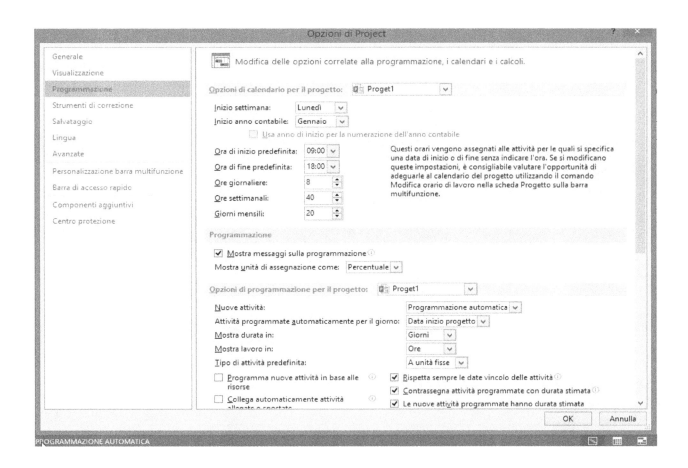

Impostare e modificare la durata di un'attività

Iniziamo ad impostare le date esatte.

Possiamo procedere in vari modi.

O, selezionata la cella dell'attività di riferimento (qui "Rimozione vecchie mattonelle dal bagno"), nella colonna Durata, clicchiamo sulla freccetta in alto per aumentare i giorni.

Impostare la durata 1

Scegliamo "2 g" e diamo Invio con la tastiera.

Oppure, con l'attività 2 selezionata, clicchiamo sul Tasto Informazioni, Gruppo Proprietà, Scheda Attività.

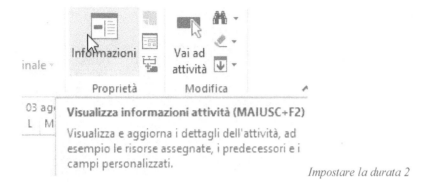

Impostare la durata 2

O doppio clic sull'attività con apertura della finestra Informazioni

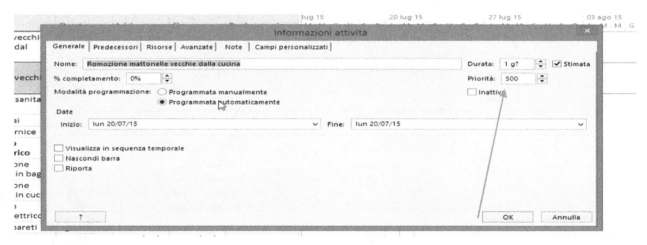

Impostare la durata 3

Nello spazio "Durata" con le freccette o, digitando sopra, scegliamo "3 g".

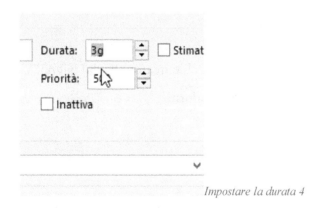

Impostare la durata 4

Ritornando alla finestra, nel Diagramma di Gantt notiamo che le barre delle attività, la cui durata è stata modificata, sono aumentate di lunghezza.

Impostare la durata 5 Visualizzazione Diagramma di Gantt

La durata di un'attività può essere impostata o modificata anche agendo nella Visualizzazione Dettagli, Scheda Visualizza, Doppia visualizzazione, operando sempre tramite i pulsanti dati dai due triangoli.

Impostare la durata 6 Modulo Dettagli

Impostare la durata 7 Modulo Dettagli

Impostare la durata 8 Modulo Dettagli

Tramite le stesse modalità viste nel presente paragrafo, si possono modificare le durate, riducendole.

In Project 2013 **l'unità di durata predefinita per le attività sono i giorni**.

Per modificare questa impostazione si può agire tramite il pulsante Opzioni, Menu File.

Navighiamo sino alla Scheda **Programmazione.**

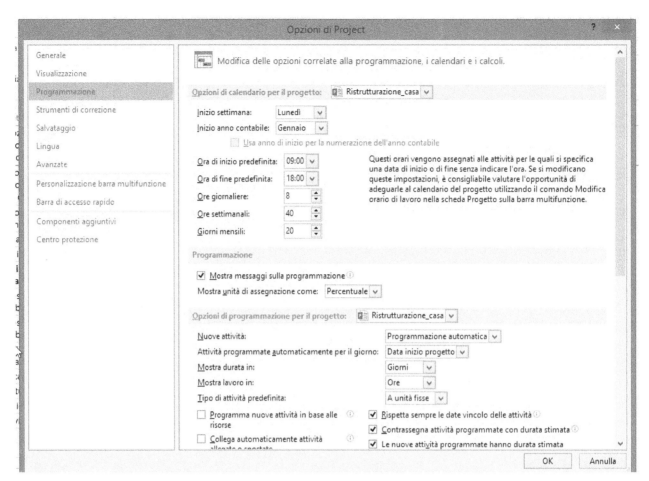

Scheda Programmazione 1

Nella Sezione **opzioni di programmazione per il progetto** e, nell'elenco **Mostra durata in** selezionare l'unità di tempo desiderata.

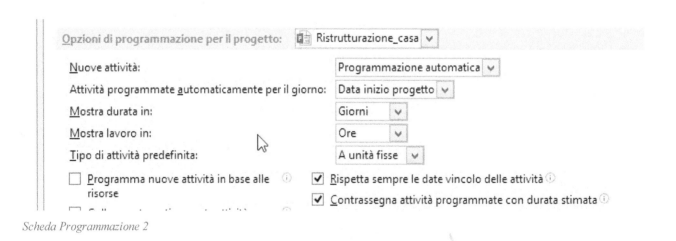

Scheda Programmazione 2

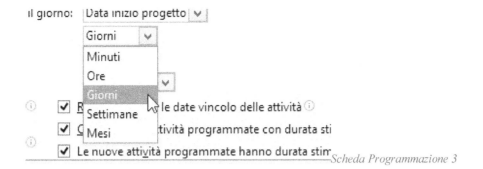

Scheda Programmazione 3

Suddivisione delle attività.

Durante la vita del progetto può capitare che un'attività abbia una durata molto lunga o, per qualche imprevisto, occorra sospenderla e riprenderla successivamente.

Vediamo come applicare una o più divisione con Project 2013.

Ipotizziamo che l'attività 9 del nostro progetto "Rifacimento impianto elettrico" duri una settimana (è sufficiente digitare "1s" con la tastiera nella cella della colonna Durata e dare Invio da tastiera).

Durata 1

Analizzando il Diagramma di Gantt, notiamo che l'attività inizia il 20 luglio e termina il 24 dello stesso mese.

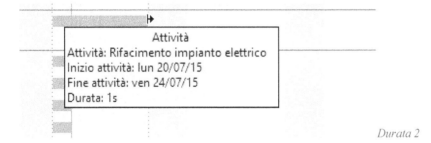

Durata 2

Attenzione

Ricordo che per Project 2013 digitare 1s non è la stessa cosa di digitare 7 giorni, in quanto 1 s equivale ad una settimana lavorativa ma escluso il Sabato e la Domenica. Digitare "7g" per Project significa calcolare dal Lunedì al Venerdì (5 giorni) più il Lunedì ed il Martedì della settimana successiva che, nel nostro caso, significa terminare il 28 luglio.

Digitiamo 7g nell'Attività 9:

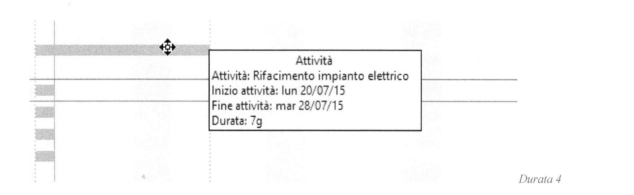

		Sostituzione tubature in cucina	1 g!	lun 20/07/15	lun 20/07/15
9		Rifacimento impianto elettrico	7 g	lun 20/07/15	mar 28/07/15
10		Stuccatura pareti	1 g?	lun 20/07/15	lun 20/07/15

Durata 3

Attività
Attività: Rifacimento impianto elettrico
Inizio attività: lun 20/07/15
Fine attività: mar 28/07/15
Durata: 7g

Durata 4

Vediamo la differenza rispetto a digitare "1s".

Da qui si comprende l'importanza delle "durate" in Project.

Digitiamo, quindi, nuovamente 1s.

Martedì 21 luglio, il Superiore informa che giovedì 23 gli operai non possono lavorare per una visita medica, per cui l'attività 9 per quel giorno non si tiene.

Per impostare l'interruzione, con l'attività 9 selezionata, clicchiamo sul tasto Attività divisa, Gruppo programmazione, Scheda Attività.

Attività divisa
Se si lavora a un'attività in date diverse, è possibile dividerla.

Fare clic su Dividi attività, quindi fare clic sulla barra dell'attività da dividere. A questo punto è possibile trascinare il segmento diviso sulla nuova data.

Attività divisa 1

Appare la seguente finestra popup

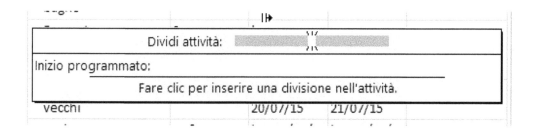

Attività divisa 2

Spostandoci sulla barra dell'attività 9 del Diagramma di Gantt, vediamo che la finestra popup riporta la data di inizio dell'attività.

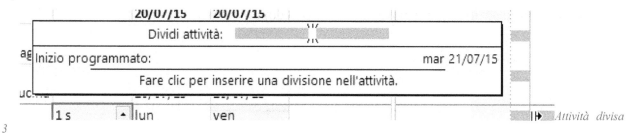

Attività divisa 3

Continuiamo a spostare il mouse verso destra sempre sulla barra sino a quando la finestra popup non indichi 23 luglio.

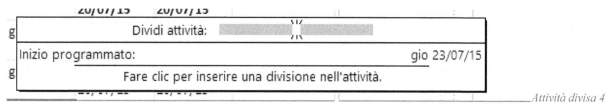

Attività divisa 4

Clicchiamo allora sulla barra. L'attività risulta ora divisa ed in concomitanza del 23 luglio ci sono dei puntini.

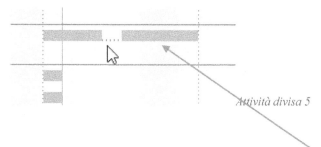

Attività divisa 5

L'attività è interrotta il giorno 23 luglio.

Ora l'attività riprende il 24 luglio e termina il 27.

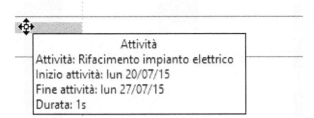

Attività
Attività: Rifacimento impianto elettrico
Inizio attività: lun 20/07/15
Fine attività: lun 27/07/15
Durata: 1s

Attività divisa 6

Agendo sulla seconda barra, possiamo spostare l'inizio dopo l'interruzione avanti nel tempo.

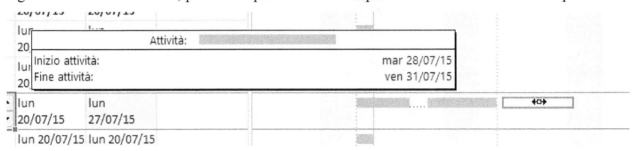

Attività:
Inizio attività: mar 28/07/15
Fine attività: ven 31/07/15

lun	lun
20/07/15	27/07/15

lun 20/07/15 lun 20/07/15

Attività divisa 7

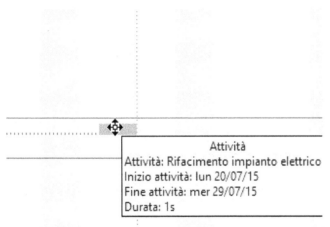

Attività
Attività: Rifacimento impianto elettrico
Inizio attività: lun 20/07/15
Fine attività: mer 29/07/15
Durata: 1s

Attività divisa 8

O agire per riunire le due barre, spostando la seconda verso sinistra

ven 24/07/15
sab 25/07/15

Attività divisa 9

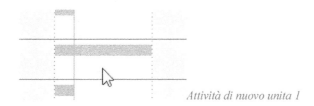

Attività di nuovo unita 1

Peraltro, quando si agisce sulla seconda barra di un'attività divisa, si opera solo sulla parte dell'attività selezionata mentre, agendo anche sulla prima barra, si sposta tutta l'attività.

Le attività cardine (milestones): nozione e creazione.

Con il termine **attività cardine** o *milestones* (letteralmente pietra miliare), ci si riferisce ad eventi importanti nella vita del progetto, vale a dire ad attività che segnano il raggiungimento di importanti traguardi, il compimento conclusivo di determinate fasi.

In genere queste attività hanno durata "0" e sono rappresentate, sul Diagramma di Gantt, dal simbolo di un diamante nero.

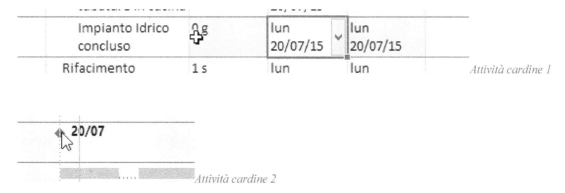

Attività cardine 1

Attività cardine 2

Per indicare un'attività come Attività cardine si può, alternativamente:

- Digitare 0 nella durata o operare tramite triangoli neri;
- Doppio clic per aprire la scheda Informazioni o, con l'attività selezionata, cliccare sulla voce Informazioni, gruppo Proprietà, Scheda Informazioni.

Si apre la Finestra Informazioni

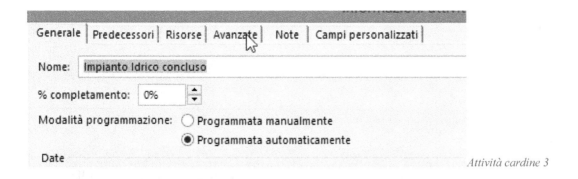

Attività cardine 3

Andiamo sulla Scheda Avanzate e mettiamo il Flag sulla Voce "Segna come attività cardine".

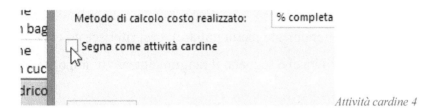

Attività cardine 4

Si può, poi, operare tramite il Modulo Dettagli e digitare "0" a durata o agire tramite i pulsanti.

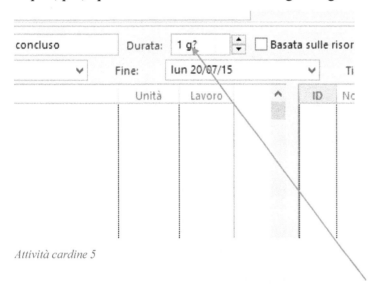

Attività cardine 5

Infine, si può creare un'attività cardine ex novo agendo con il pulsante Attività Cardine, Gruppo Inserisci, Scheda Attività.

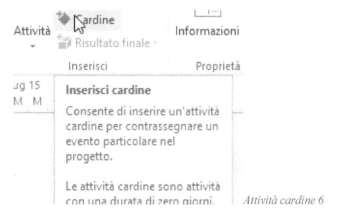

Attività cardine 6

Si crea, in tal modo, una nuova attività cardine.

1		<Nuova attività cardi	0 g	lun 20/07/15 lu
2		Stuccatura pareti	1 g?	lun 20/07/15 lu
3		Rasatura pareti	1 g?	lun 20/07/15 lu

Attività cardine 7

Le attività ricorrenti.

Le **attività ricorrenti** sono quelle attività che si ripetono con frequenza regolare, tipo delle riunioni con i supervisori, o riunioni con i membri del team di progetto.

In questo caso è sufficiente indicarle una sola volta.

Andiamo sulla riga 15

Clicchiamo poi sul tasto Attività, Gruppo Inserisci, Scheda Attività.

Scegliamo Attività ricorrente.

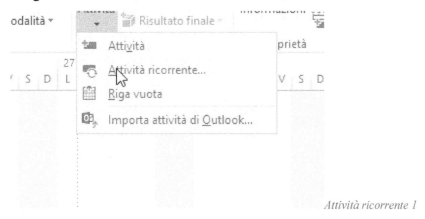

Attività ricorrente 1

Si apre la Finestra "Informazioni attività ricorrente", dove possiamo indicare le preferenze.

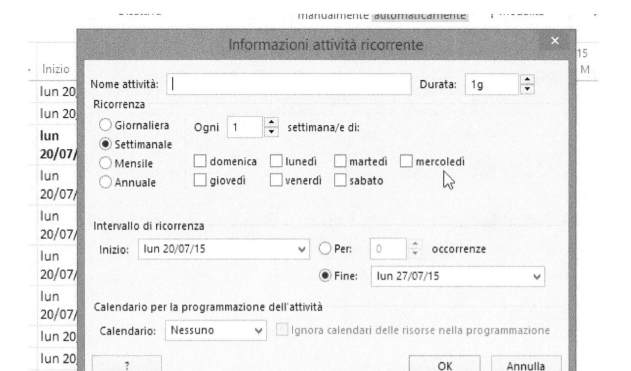

Attività ricorrente 2

Chiamiamo la nostra attività "Riunione con gli operai".

Mettiamo il Flag su "giornaliera" e scegliamo 7 giorni lavorativi.

Attività ricorrente 3

Digitiamo ok.

Abbiamo ora l'attività ricorrente rappresentata dal simbolo di un cerchio.

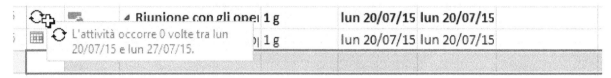

Attività ricorrente 4

Relazioni logiche di precedenza tra le attività: tipi di collegamento (Fine-Inizio, Inizio-Inizio, Fine-Fine, Inizio-Fine).

Nella realtà, le attività di un progetto non iniziano tutte nello stesso momento; generalmente, si segue un ordine specifico.

Riprendiamo il progetto di ristrutturazione della casa: la rasatura delle pareti precede la verniciatura delle stesse.

Ciò significa che tra le due attività, "rasatura delle pareti" e "verniciatura delle pareti" sussiste una **relazione logica di precedenza** in punto di svolgimento, più precisamente, un collegamento o rapporto di dipendenza in forza del quale la prima attività "la rasatura", è il **predecessore** della seconda, "verniciatura", attività **successore**.

Con il termine **predecessore**, nello specifico, si indica un'attività le cui date di inizio o di fine incidono sulla data di inizio o di fine di un'altra.

L'attività **successore**, invece, è un'attività la cui data di inizio e di fine è determinata dalla data di inizio o di fine di un'altra.

Nei progetti, i tipi di relazione che vengono in considerazione sono 4^x:

A) FINE-INIZIO (FI), o Finish to Start (FS)

La data di fine dell'attività predecessore determina l'inizio dell'attività successore.

Esempi:

- La data di fine della rasatura delle pareti, determina l'inizio dell'attività di verniciatura;
- La data di fine della scelta degli operai, determina l'inizio dei lavori;
- Finire di scrivere un libro determina l'inizio dell'attività di pubblicazione;
- Montare un cancello prima di dipingerlo;
- Acquistare un computer prima di installare un software.[xi]

B) INIZIO-INIZIO (II) o Start to Start (SS).

La data di inizio dell'attività predecessore, determina l'inizio dell'attività successore.

Esempi:

- Rimozione delle mattonelle in bagno ed in cucina, attività che possono svolgersi contemporaneamente;

- Livellare il cemento e gettare le fondamenta.

C) FINE-FINE (FF) o Finish to Finish (FF)

La data di fine dell'attività predecessore, determina la data di fine dell'attività successore.

Ad esempio, la data di fine del noleggio della macchina per arrotare i pavimenti, determina la fine dell'attività di arrotatura.

D) INIZIO-FINE (IF) o Start to Finish (SF)

La data di inizio dell'attività predecessore, determina la data di fine dell'attività successore.

Ad esempio:

- La macchina della cucina può iniziare a cucinare non appena finito di montarla;

- Gli impiegati possono iniziare ad utilizzare il nuovo software non appena hanno terminato i corsi di addestramento. [xii]

Vediamo come operare con Project 2013, che ci consente di mostrare le relazioni fra le attività in due modi:

- Il Diagramma di Gantt mostra le dipendenze tra le attività come delle linee tra le barre (come le figure sopra);

- Il Diagramma Reticolare, invece, mostra ogni attività come un nodo con dei collegamenti lineari tra i nodi. Diciamo che il Diagramma reticolare offre un'immagine più chiara e dettagliata essendo i nodi delle figure più grandi delle barre e, specie nei progetti lunghi o con molte sotto-fasi, ciò può essere più utile, anche se si tratta di valutazioni soggettive rimesse alle necessità del singolo Project Manager.

Una prima tecnica per stabilire delle relazioni tra le attività, in Project, consiste nel selezionare le attività che interessa collegare

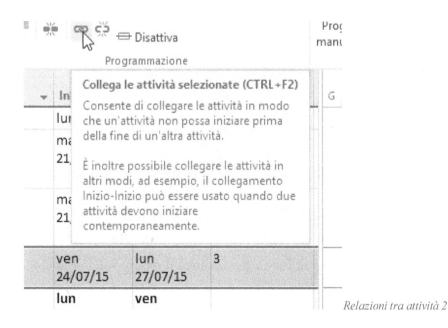

Relazioni tra attività 1

Poi cliccare sul pulsante a forma di nodo di catena nel Gruppo Programmazione, Scheda Attività.

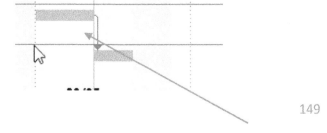

Relazioni tra attività 2

Le due attività così collegate si presentano come due barre di cui la seconda con data di inizio spostata in avanti a significare che la data di inizio si presenta al termine della precedente attività e, graficamente, con una freccia che va dalla fine della prima barra all'inizio della seconda.

149

Occorre ricordare, infatti, che, per impostazione predefinita, Project applica la relazione Fine-Inizio alle attività collegate quando il progetto è programmato dalla data di inizio.

Peraltro, agendo sul pulsante in esame, si possono collegare più attività contemporaneamente.

jramma Gantt ▾	Incolla ▾		G C S	◇ ▾ A ▾	⮜ ⮞	⁂	⚭ ⚮	◷ Rispetta collegamenti ⊟ Disattiva			Programma manualment
ualizza	Appunti		Carattere	⌐			Programmazione				

	ⓘ	Modal attivit ▾	Nome attività	▾	Durata ▾	In				G V S
1		🔲	Scelta operai		1 g	lu				
2		🔲	Rimozione vecchie mattonelle dal bagno		2 g	ma 21				
3		🔲	Romozione mattonelle vecchie dalla cucina		3 g	ma 21				
4		🔲	Romozione sanitari vecchi		2 g	ven 24/07/15	lun 27/07/15	3		
5		🔲	◢ **Rifacimento impianto dirico**		**5 g**	**lun 20/07/15**	**ven 24/07/15**			
6		🔲	Sostituzione tubature in bagno		3 g	lun 20/07/15	mer 22/07/15			
7		🔲	Sostituzione tubature in cucina		2 g	gio 23/07/15	ven 24/07/15	6		
8		🔲	Impianto Idrico concluso		0 g	lun 20/07/15	lun 20/07/15			

> **Collega le attività selezionate (CTRL+F2)**
> Consente di collegare le attività in modo che un'attività non possa iniziare prima della fine di un'altra attività.
>
> È inoltre possibile collegare le attività in altri modi, ad esempio, il collegamento Inizio-Inizio può essere usato quando due attività devono iniziare contemporaneamente.

Relazioni tra attività 4 Collegamento più attività

Altro modo per unire due attività consiste nel posizionare il mouse sopra la prima barra che interessa collegare alla seconda, tenere cliccato il tasto sinistro e posizionare il mouse sulla seconda.

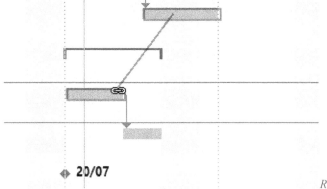

20/07

Relazioni tra attività 5

All'esito, il risultato è identico alla precedente tecnica.

In alternativa, si può evidenziare un'attività ed agire sul tasto Informazioni, Gruppo Proprietà, Scheda Attività.

Qui si va alla scheda Predecessori.

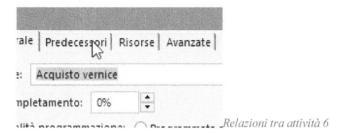

Relazioni tra attività 6

Si apre la sotto scheda Predecessori dove possiamo indicare l'attività con la quale vogliamo collegare l'attività selezionata.

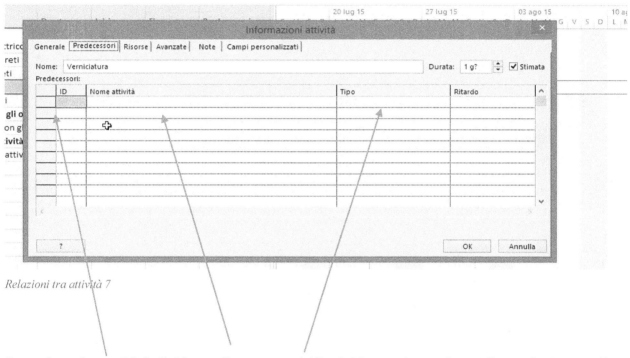

Relazioni tra attività 7

Sotto la colonna Id indichiamo il numero dell'attività con la quale vogliamo impostare il collegamento e premiamo il tasto Tab.

Relazioni tra attività 8

Nome attività	Tipo	Ritardo
Sostituzione tubature in bagno	Fine-Inizio (FI)	0g

Relazioni tra attività 9

Come si può vedere appare il nome dell'attività e, per default, il tipo di collegamento predefinito (Fine-Inizio).

Cliccando sul tipo di collegamento, si apre una scheda a discesa dove possiamo modificare il tipo di collegamento, come si vedrà nel prosieguo del presente paragrafo.

Relazioni tra attività 10

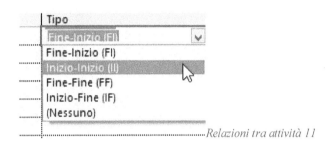

Relazioni tra attività 11

Possiamo, poi, costruire relazioni intervenendo direttamente sulla tabella del nostro progetto.

Come vediamo nell'immagine seguente, si ha la colonna Predecessori.

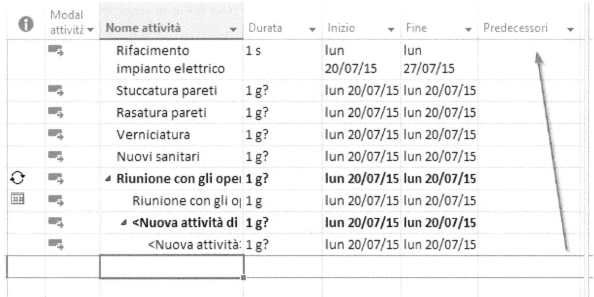

❶	Modal attività ▾	Nome attività ▾	Durata ▾	Inizio ▾	Fine ▾	Predecessori ▾
	⬛	Rifacimento impianto elettrico	1 s	lun 20/07/15	lun 27/07/15	
	⬛	Stuccatura pareti	1 g?	lun 20/07/15	lun 20/07/15	
	⬛	Rasatura pareti	1 g?	lun 20/07/15	lun 20/07/15	
	⬛	Verniciatura	1 g?	lun 20/07/15	lun 20/07/15	
	⬛	Nuovi sanitari	1 g?	lun 20/07/15	lun 20/07/15	
↻	⬛	◢ **Riunione con gli ope**	**1 g?**	**lun 20/07/15**	**lun 20/07/15**	
▦	⬛	Riunione con gli o|	1 g	lun 20/07/15	lun 20/07/15	
	⬛	◢ **<Nuova attività di**	**1 g?**	**lun 20/07/15**	**lun 20/07/15**	
	⬛	<Nuova attività:	1 g?	lun 20/07/15	lun 20/07/15	

Relazioni tra attività 12

Prendiamo l'attività "Verniciatura", che ci interessa sia eseguita dopo la fine dell'attività "Rasatura pareti".

Accanto a Verniciatura, sotto la colonna Predecessori, scriviamo il numero 12, numero ID identificativo dell'attività precedente.

11		⬛	Stuccatura pareti	1 g?	lun 20/07/15	lun 20/07/15	
12		⬛	Rasatura pareti	1 g?	lun 20/07/15	lun 20/07/15	
13		⬛	Verniciatura	1 g?	lun 20/07/15	lun 20/07/15	12
14		⬛	Nuovi sanitari	1 g?	lun 20/07/15	lun 20/07/15	
15	↻	⬛	◢ **Riunione con gli ope**	**1 g?**	**lun 20/07/15**	**lun 20/07/15**	
16	▦	⬛	Riunione con gli o|	1 g	lun 20/07/15	lun 20/07/15	✚
17		⬛	◢ **<Nuova attività di**	**1 g?**	**lun 20/07/15**	**lun 20/07/15**	
18		⬛	<Nuova attività:	1 g?	lun 20/07/15	lun 20/07/15	

Relazioni tra attività 13

Diamo invio e, come si può vedere dal Diagramma di Gantt, le due attività sono ora collegate dalla Relazione Inizio-Fine.

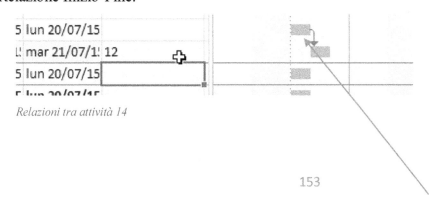

Relazioni tra attività 14

153

Le relazioni, comunque, non debbono riguardare solo le attività poste in sequenza nella tabella; ovviamente la relazione deve avere un senso logico.

Per quanto si riferisce alle **attività di riepilogo**, infatti, (che, si ricorda, sono quelle **attività che comprendono le sotto attività dalla quali sono costituite**), queste possono essere collegate direttamente tra loro oppure tramite le rispettive sotto attività.

E' preferibile, però, collegare le attività di riepilogo per rispettare l'ordine sequenziale.

L'unica cosa che non si può fare, comunque, è collegare un'attività di riepilogo con una delle proprie sotto attività in quanto si verrebbe a creare un problema di programmazione circolare da Project non consentito,[xiii] con un messaggio del tipo mostrato nella figura che segue.

Collegamento attività di riepilogo con una delle relative sotto attività 1

I tipi di relazione, comunque, come abbiamo visto nel precedente paragrafo, sono di 4 tipi:

- Fine-Inizio e Inizio-Inizio, i più frequenti e richiesti in sede di certificazione Ecdl Project Planning;
- Fine-Fine e Inizio-Fine.

Vediamo come impostarli.

Il primo metodo, più semplice, consiste nel fare doppio clic sulla freccia che congiunge due attività.

Si apre la scheda Relazioni Attività dove possiamo modificare i tipi di collegamenti.

Modifica Tipo Relazioni 1

Scegliamo la Relazione Inizio-Inizio e diamo ok.

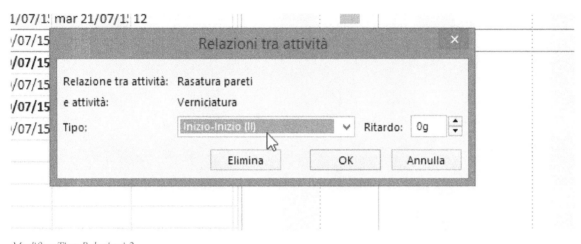

Modifica Tipo Relazioni 2

Come possiamo vedere ora sul Diagramma di Gantt la freccia che collega le due attività parte dalla prima barra all'inizio della seconda ad indicare, graficamente, che le due attività iniziano alla stessa data.

Modifica Tipo Relazioni 3

Le relazioni possono essere modificate anche nella scheda Informazioni, con l'attività che ci interessa selezionata, facendo clic sul relativo pulsante, Gruppo Proprietà, Scheda Attività, o doppio clic sull'attività di interesse.

Qui scegliamo la scheda Predecessori dove possiamo sia eliminare la relazione, selezionando l'attività collegata e premendo Canc da tastiera o, sotto la colonna tipo, scegliere un'altra relazione.

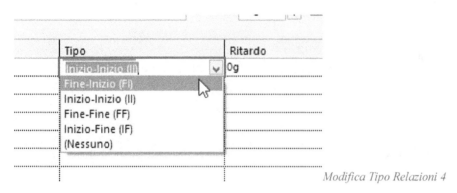

Modifica Tipo Relazioni 4

Noi rimettiamo la relazione Fine-Inizio e diamo ok.

Modifica Tipo Relazioni 5

Sempre nella stessa Finestra si può sostituire l'attività con la quale è impostata la relazione o aggiungerne altre.

Apriamo il progetto "Piano per aziende start up" tra i modelli di Project 2013 ed apriamo la finestra Informazioni relativa all'attività 24 "Revisione e modifica piano strategico".

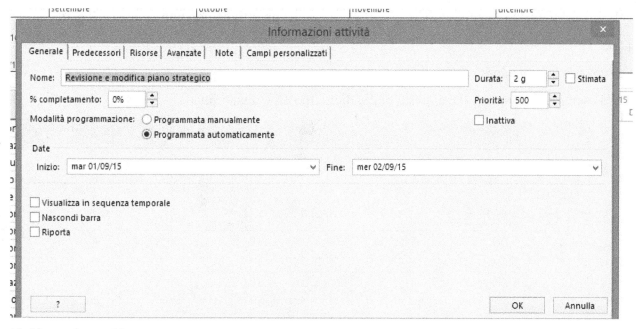

Modifica predecessori 1

Qui andiamo nella scheda Predecessori.

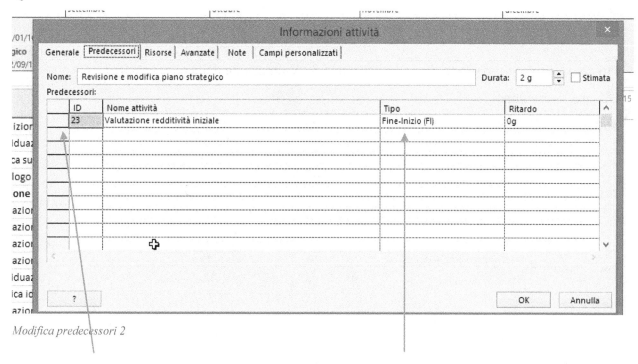

Modifica predecessori 2

Notiamo come sussista una relazione con l'attività 23 "Valutazione redditività iniziale" di Tipo Fine-Inizio.

Negli stessi campi, si possono modificare le attività collegate o aggiungere altri rapporti di dipendenza.

L'unico limite che impone Project è dato dal fatto che un'attività non può essere collegata con se stessa.

Vediamo la procedura.

Ad esempio, nel campo ID, al posto di 23, digitiamo 18 e diamo invio.

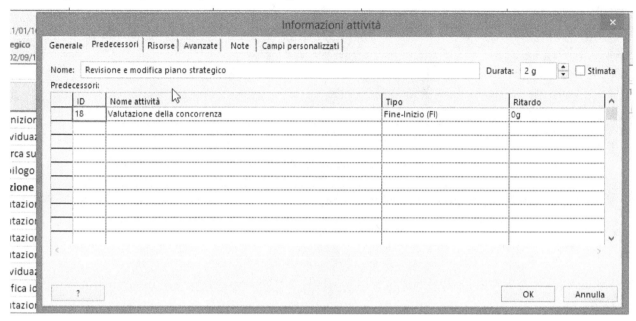

Modifica predecessori 3

Project sostituisce il predecessore con l'attività 18 "Valutazione della concorrenza".

Oppure, riscriviamo 23.

Sotto 23, nel campo ID scriviamo 18 e diamo invio.

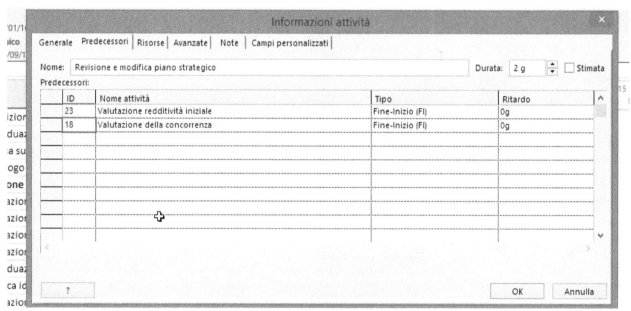

Modifica predecessori 4

Notiamo che adesso l'attività 24 "Revisione e modifica piano strategico" è legata da una relazione Fine-Inizio sia con l'attività 23 "Valutazione redditività iniziale" che con la 18 "Valutazione della concorrenza".

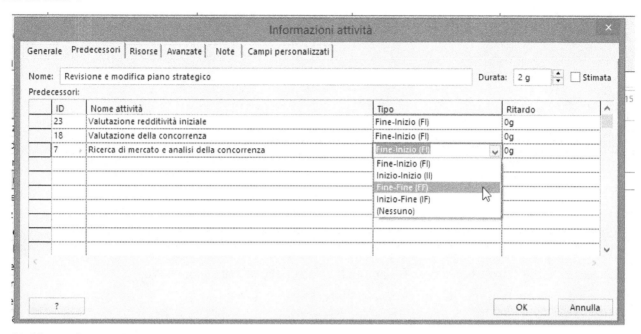

Modifica predecessori 5

Sempre nel campo ID digitiamo 7 e diamo invio. La relazione ora è con l'attività "Ricerca di mercato e analisi della concorrenza", della quale modifichiamo il tipo di relazione in Fine-Fine, a cui aggiungiamo, poi, un'anticipazione di 5 giorni.

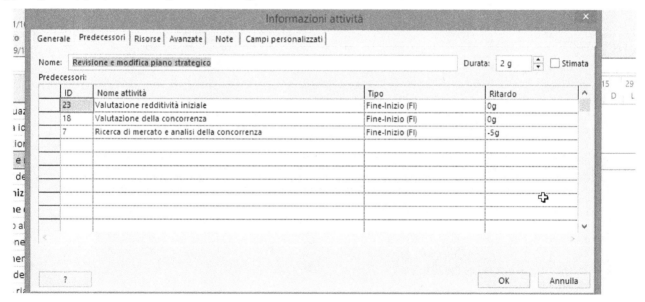

Modifica predecessori 6

Come si può notare le possibilità sono molteplici in funzione delle necessità del Manager di progetto.

Chiudiamo il file senza salvare.

Nella stessa scheda si possono inserire collegamenti con le attività successori.

Apriamo un file di progetto vuoto ed inseriamo le attività elencate.

Modifica predecessori 7

Apriamo la Scheda Informazioni relativa alla prima attività, "Acquisto prodotti per pulire", Scheda Predecessori, e digitiamo, nel campo Id, i numeri relativi alle attività successive.

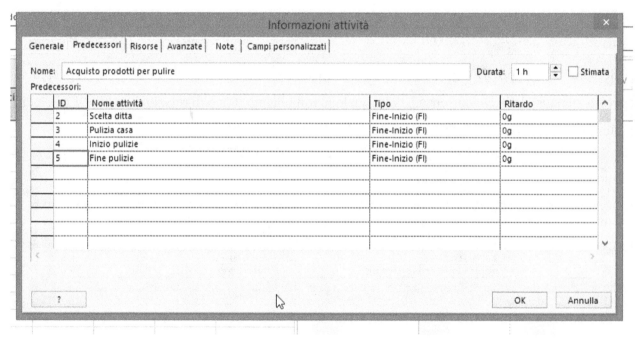

Modifica predecessori 8

Chiudiamo il progetto senza salvare[xiv].

Ritardi ed anticipazioni (Lag and Lead Time).

Nella vita del progetto possono sorgere ostacoli, imprevisti, elementi non valutati che determinano la necessità di intervenire sulle attività, sia anticipando l'inizio o la fine delle stesse che posticipandole, con effetti sulla programmazione.

Si parla, in questi casi, di ritardo o *Lag Time*, per indicare il ritardo che intercorre nell'inizio o nella data di fine di un'attività.

Di anticipo o Lead Time, per indicare, invece, l'inizio o la fine anticipata di un'attività.

Da quanto detto nel precedente paragrafo, gli effetti si verificano per le attività collegate.

Consideriamo, ad esempio, le attività "asciugatura pareti" e "appendere quadri", legate da una relazione Fine-Inizio.

I quadri non si possono appendere sino a quando le pareti non si sono ben asciugate, per cui può sorgere la necessità di ritardare di 1g l'apposizione dei quadri.

Nel caso, invece, dell'attività "Costruire pareti" e "Intonacare pareti", si può anticipare l'inizio dell'intonacatura, non essendo necessario che si attenda la costruzione di tutta la parete.

L'anticipo è espresso come valore negativo, sia di una cifra intera che come percentuale. Il ritardo, invece, come cifra positiva unitaria o percentuale.

Vediamo, adesso, come impostare i ritardi (Lag) e le anticipazioni (Lead) con Project 2013.

Possiamo agire attraverso gli stessi metodi utilizzare per stabilire relazioni.

A) Doppio clic sulla linea che congiunge due barre

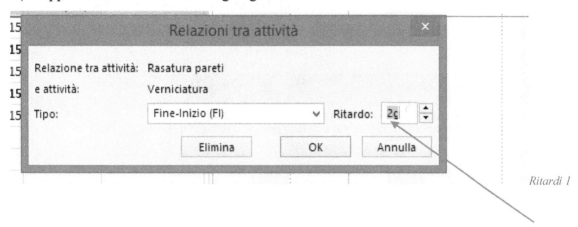

Ritardi 1

Si apre la finestra "Relazioni tra le attività" dove, nello spazio indicato dalla freccia rossa, scriviamo i giorni di ritardo, anche aiutandoci tramite i due pulsanti con frecce rivolte verso l'alto per aumentare il ritardo, verso il basso per diminuire i giorni di ritardo o indicare delle anticipazioni.

Diamo ok e, come vediamo nel Diagramma di Gantt, l'inizio dell'attività "verniciatura" è spostata di due giorni.

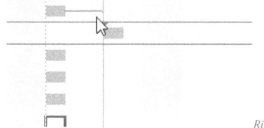

Ritardi 2

B) Ipotizziamo, invece, che, per la stessa attività, anziché un ritardo di 2 giorni, vogliamo stabilire un anticipo di due giorni.

In questo caso scriviamo o, aiutandoci con le frecce, diminuiamo di 2 giorni.

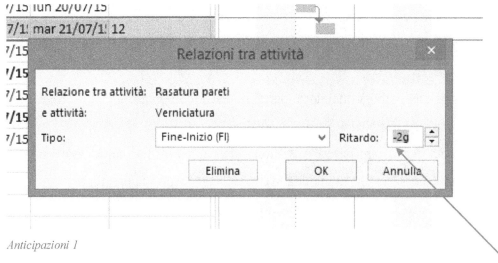

Anticipazioni 1

Come vediamo indicato dalla freccia rossa, l'anticipo è indicato con il segno meno.

Proviamo a dare ok.

Ci appare la seguente schermata in quanto Project ci avvisa che c'è un potenziale conflitto di programmazione in quanto l'attività risulta anticipata rispetto alla data di inizio dell'intero progetto.

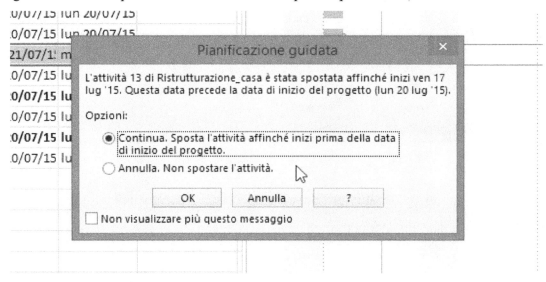

Conflitto di programmazione 1

Clicchiamo su annulla e lasciamo come prima.

Indicatori 1

Lasciando i due giorni di ritardo, come possiamo vedere sulla tabella della finestra di Project, sotto la colonna Predecessori, accanto all'attività di nostro interesse, sono indicati sia il tipo di relazione che i 2 giorni di ritardo (si comprende perché non c'è il segno meno precedente).

I vincoli del progetto.

Quando le attività sono collegate tra loro, automaticamente si applica un **vincolo** alle stesse, vale a dire, una **restrizione o limitazione sul calcolo automatico della data di inizio o di fine di un'attività**, **con la relativa incidenza sulla programmazione**.

I vincoli possono essere:

- **Flessibili**, in cui la data di inizio e di fine possono essere cambiate senza restrizioni;

- **Semi-flessibili** o **medi** dove, rispettando la data di inizio o fine, l'attività può essere riprogrammata;

- **Non flessibili** o **rigidi**, in cui l'attività deve iniziare o finire ad una data precisa.

Vediamoli nel dettaglio.

A) Vincoli flessibili:

- **Il più presto possibile** o *As Soon As Possible (ASAP)*. E' il tipo di vincolo predefinito in Project 2013 che si applica quando si imposta una programmazione dalla data di inizio del progetto, per cui l'attività è programmata per iniziare il prima possibile. In questo caso non si hanno date di vincolo.

- **Il più tardi possibile** o *As Late As Possibile (ALAP)*. Tipo di vincolo predefinito quando la programmazione è impostata dalla data di fine del progetto. Qui le attività sono programmate per iniziare il più tardi possibile e non ci sono date di vincolo.

B) Semi-flessibili o medi:

- **Iniziare non prima del** o *Start No Earlier Than (SNET)*, vincolo con il quale si programma l'inizio di un'attività non prima di una certa data;

- **Iniziare non oltre il** o *Start No Later Than (SNLT)*, vincolo con il quale l'attività è programmata per iniziare non più tardi di una data specifica;

- **Finire non prima del** o *Finish No Earlier Than (FNET)*, vincolo con il quale l'attività è programmata per finire non prima di una data specifica;

- **Finire non oltre il** o *Finish No Later Than (FNLT)*, vincolo con il quale l'attività è programmata per finire non più tardi della data indicata.

C) Vincoli non flessibili o rigidi:

- **Deve iniziare il** o *Must Start On (MSO)*, vincolo con il quale si stabilisce che un'attività deve iniziare alla data specificata;

- **Deve finire il** o *Must Finish On (MFO)*, vincolo con il quale si programma l'attività per finire alla data indicata.

La scelta del tipo di vincolo dipende dal tipo di attività che si deve realizzare.

Ed infatti, se si deve costruire un palazzo, non si potrà iniziare a scavare il terreno per le fondamenta sino a quando non si avranno i permessi per costruire, per cui tra l'attività "Concessione permesso di costruire" e "Scavare il terreno" ci sarà, oltre ad una relazione Fine-Inizio, un vincolo, per la seconda, di non iniziare prima dell'ottenimento del permesso.

In genere **sono da preferire i vincoli flessibili perché lasciano libertà di manovra al Project Manager nella programmazione**, salvo nella data di inizio o fine.

E' consigliabile, infatti, utilizzare i vincoli rigidi solo per situazioni che esulano dal controllo del Project Manager come, ad esempio, i permessi o le autorizzazioni di qualche tipo.

Quando si applicano i vincoli alle attività, comunque, occorre tenere a mente le conseguenze che ne derivano:

- Se si scrive una data di fine nella colonna fine, all'attività viene imposto automaticamente il vincolo Finire non prima del (FNET);

- Se si inserisce una data nella colonna inizio o si sposta la barra di Gantt per modificare la data di inizio, si imposta automaticamente il vincolo Iniziare non prima del (SNET);

- Se non si specifica un orario, Project applica le impostazioni predefinite del calendario del progetto, 9:00 per l'inizio, 18:00 per la fine. Se si vuole che l'attività inizi ad un'ora differente, è sufficiente digitare, nella colonna inizio, 21/07/2015 11:00 così come per la data di fine che si vuole sia ad un orario preciso);

- Quando si debbono impostare vincoli semi-flessibili o rigidi alle attività, occorre fare attenzione ai conflitti di programmazione tra le attività dipendenti in quanto Project 2013 dà la precedenza ai vincoli sulle relazioni.

Ed infatti, se tra due attività sussiste una relazione Fine-Inizio, un vincolo Deve Iniziare ad una data specifica e precedente per la seconda attività determina un conflitto di programmazione in quanto, dando Project precedenza al vincolo, fa iniziare la seconda attività prima (per rispettare il vincolo), che sia finita l'attività predecessore, nonostante la relazione Fine-Inizio.

Per far sì che Project rispetti le dipendenze, occorre andare in File, Opzioni, Scheda Programmazione e deselezionare la casella di controllo "Rispetta sempre le date di vincolo delle attività".

Vediamo come si applicano in Project 2013.

I Vincoli.

Cliccchiamo sulla Scheda Informazioni o facciamo doppio clic sull'attività che interessa.

Andiamo nella Scheda Avanzate e qui, in tipo di vincolo, scegliamo quello che ci interessa.

Ad esempio, l'Attività Arrivo nuova cucina non si deve verificare sino a quando non l'impianto a gas non è stato sistemato, per cui poniamo il vincolo "Non iniziare prima del" indicando la data specificata al fine di non far iniziare la seconda attività "Arrivo cucina", prima che sia terminata la precedente.

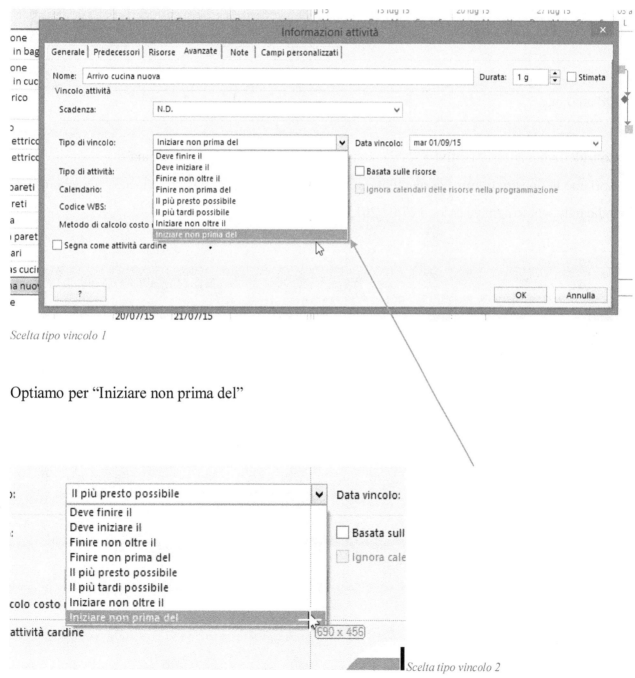

Scelta tipo vincolo 1

Optiamo per "Iniziare non prima del"

Scelta tipo vincolo 2

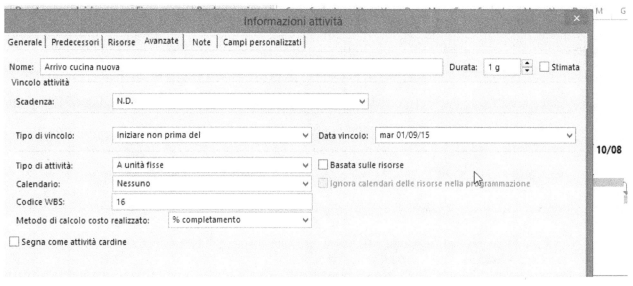

Scelta tipo vincolo 3

E diamo ok.

Consideriamo, adesso, l'attività 3, "Rimozione mattonelle vecchie dalla cucina".

Apriamo la finestra Informazioni attività, scheda Avanzate e optiamo per il vincolo "Deve iniziare il" indicando, come data vincolo, il 27/07/2015.

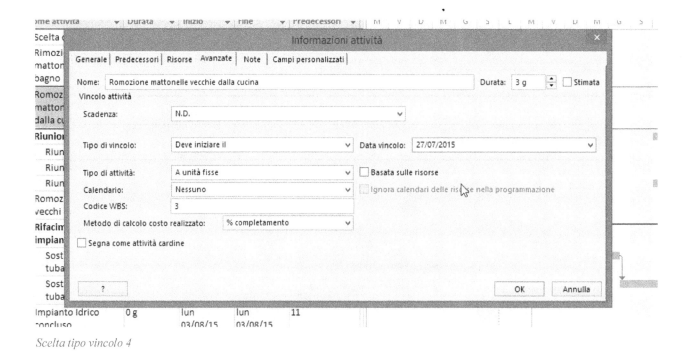

Scelta tipo vincolo 4

Diamo ok.

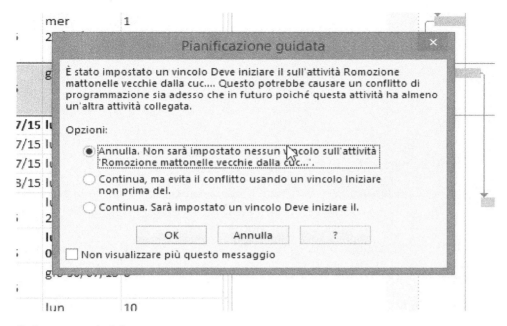

Scelta tipo vincolo 5 Conseguenze

Project ci avvisa del conflitto di programmazione causato dal fatto che il vincolo contrasta con un rapporto di relazione tra le attività e, come prima detto, Project dà la precedenza ai vincoli sulle relazioni di dipendenza e, cercare di imporre un vincolo ad attività già legate da relazioni, per Project non è logico.

E' chiaro che si può chiedere al programma sia di agire evitando il conflitto (1), sia di non tenerne conto (2).

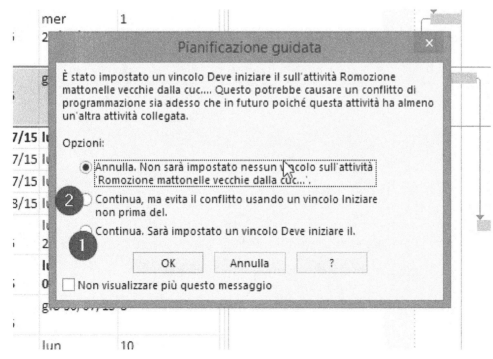

Scelta tipo vincolo 6: Conseguenze

Dipende dal Manager di Progetto valutare le scelte più appropriate anche se è consigliabile evitare, in linea di massima, vincoli semi flessibili o rigidi

Clicchiamo annulla.

Le scadenze (Deadline).

Si sono analizzati, nel precedente paragrafo, i vincoli e gli effetti sulla programmazione, specie dei vincoli rigidi, dei quali è opportuno far uso solo per quelle situazioni che esulano dalla sfera di controllo del Team di progetto.

Ed infatti, quando è necessario rispettare delle date, è consigliabile far uso delle **date di scadenza** o *deadlines*, continuando ad utilizzare il vincolo il prima possibile.

In questo modo si mantiene la flessibilità nella programmazione e la data di scadenza è indicata da un simbolo freccia verde sul Diagramma di Gantt nonché da un'icona nella colonna degli indicatori se l'attività non rispetti la data di scadenza.

Vediamo come.

E' sufficiente aprire la finestra Informazioni, Scheda Avanzate, con l'attività che interessa selezionata o doppio clic sulla stessa.

Nella voce scadenza indichiamo la data d rispettare, anche aiutandoci con il calendario che si apre cliccando sulla freccia con la punta rivolta verso il basso.

Data di scadenza 1

Cliccando ok, sul Diagramma di Gantt appare una freccia verde, in parallelo dell'attività "Impianto gas cucina", posto sotto la data del 28 agosto.

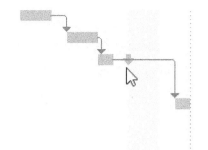

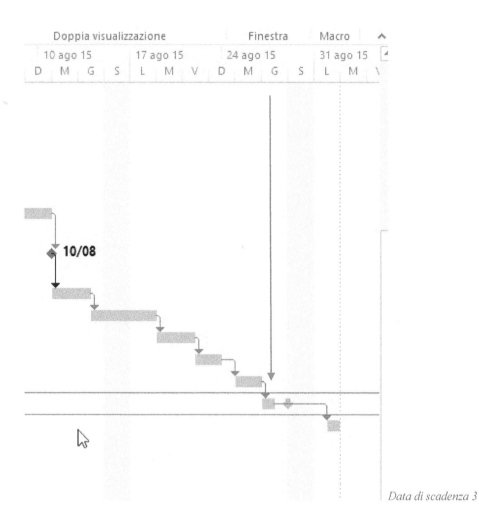

Data di scadenza 3

Inserire informazioni di supporto nel progetto: Note e Hyperlinks.

Project 2013 consente di allegare al progetto diversi tipi di informazioni sia per renderne più agevole la comprensione che per supporto al piano di progetto.

Si possono inserire, a titolo di esempio:

- Collegamenti a siti Web, per potervi accedere rapidamente;

- Note alle singole attività contenenti promemoria;

- Contratti, documenti per la pianificazione, diagrammi, file audio e video.

In Project 2013 abbiamo diverse possibilità.

A) Selezioniamo l'attività 13, "Rifacimento impianto elettrico" e clicchiamo sul Tasto Note attività, a forma di post-it, posto accanto ad Informazioni, Gruppo proprietà, Scheda Attività.

Note 1

B) Tasto destro del mouse sull'attività: si apre il seguente menu a discesa dive possiamo cliccare sul simbolo delle note.

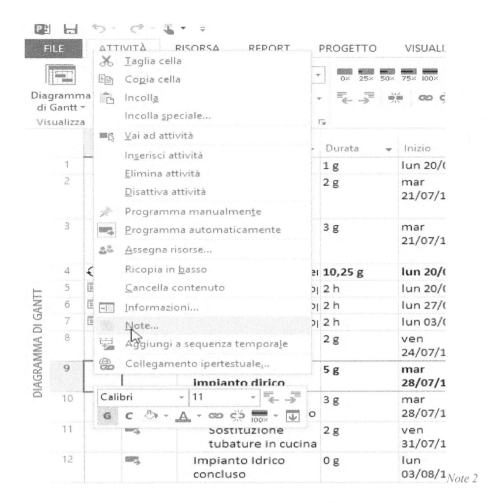

Note 2

C) Infine, doppio clic sull'attività con apertura della finestra Informazioni (o un solo clic e poi apriamo la finestra Informazioni) e scegliamo la Scheda Note.

Note 3

Si apre, in tutti i casi, la finestra Note dove possiamo indicare la Nota che interessa.

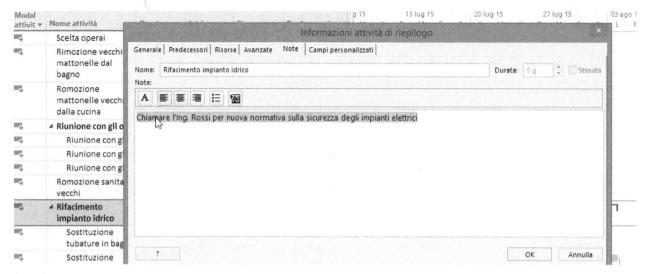

Note 4

Note 5

Allo stesso modo possiamo cancellare una nota perché non occorre più o perché, come in questo caso, abbiamo indicato la nota all'attività sbagliata "Rifacimento impianto idrico" e non "Rifacimento Impianto elettrico".

Riapriamo la scheda note in uno dei tre modi indicati e cancelliamo la Nota errata. Selezioniamo, poi, l'attività 13, "Rifacimento Impianto elettrico" ed apriamo la Scheda Note.

Indichiamo, qui, la Nota che occorre.

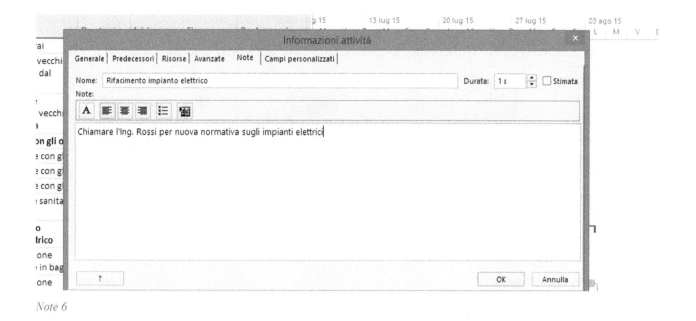

Note 6

Diamo, infine, ok.

Come possiamo vedere, ora accanto all'attività 13 c'è il simbolo di un'icona gialla, una sorta di post-it dove, passandoci sopra con il mouse, possiamo vederne il contenuto.

12		→	impianto idrico concluso	0 g	lun 03/08/15	lun 03/08/15	11
13		→	Rifacimento impianto elettrico	1 s	mar 04/08/15	lun 10/08/15	11
14			Note: Chiamare l'Ing. Rossi per nuova normativa sugli impianti elettrici	0 g	lun 10/08/15	lun 10/08/15	13
15		→	Stuccatura pareti	3 g	mar 11/08/1!	gio 13/08/15	14
16		→	Rasatura pareti	3 g	ven 14/08/1!	mar 18/08/1!	15
17		→	Verniciatura	3 g	mer 19/08/1	ven 21/08/1!	16
18		→	Asciugatura pareti	2 gt	ven 21/08/15	dom 23/08/1	17

Note 7

Per quanto si riferisce ai link o, più precisamente, agli *Hyperlinks*, si procede in questo modo.

Selezioniamo, con il tasto destro, l'attività che ci interessa, qui la 22 "Sostituzione finestre".

Clicchiamo su Collegamento ipertestuale.

Collegamento ipertestuale 1

173

Si apre la finestra Inserisci Collegamento ipertestuale dove possiamo inserire i collegamenti a siti Web, a file presenti sul computer o in rete.

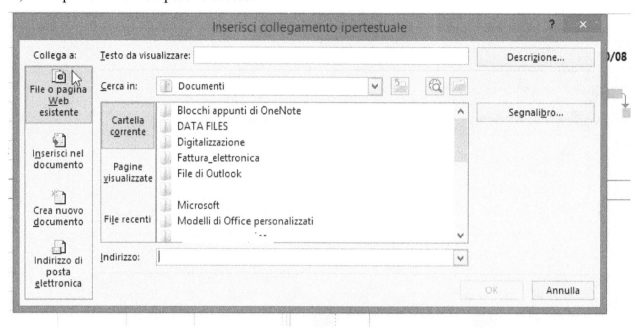

Collegamento ipertestuale 2

Scriviamo un indirizzo qui inventato

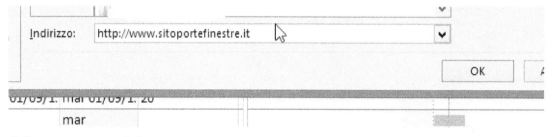

Collegamento ipertestuale 3

Siamo ok ed ora, accanto all'attività in esame, c'è il simbolo del collegamento.

Cliccandoci sopra, si apre il sito di interesse.

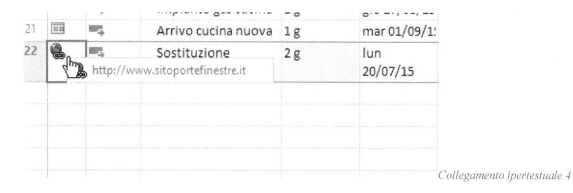

Collegamento ipertestuale 4

Per eliminare un collegamento, invece, si clicca con il tasto destro sull'attività, evidenziamo Collegamento ipertestuale. Si apre un sotto menu dove abbiamo varie opzioni, qui clicchiamo su Cancella collegamenti ipertestuali.

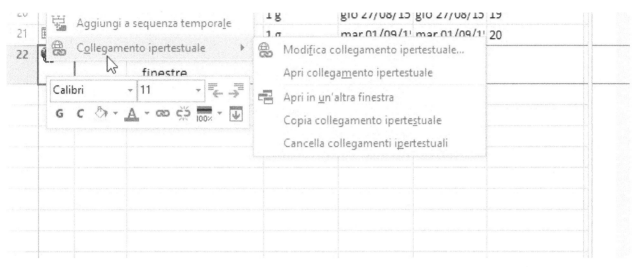

Modifica o elimina collegamento ipertestuale 1

In alternativa si può evidenziare l'attività e selezionare il pulsante a forma di cancellino rosa posto nel Gruppo Modifica, Scheda Attività.

Modifica o elimina collegamento ipertestuale 2

Qui abbiamo varie possibilità per cancellare.

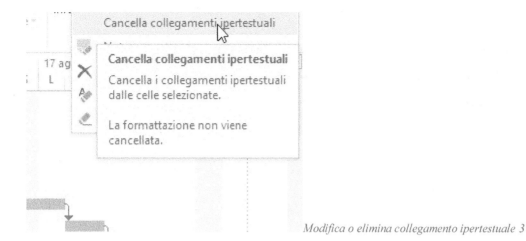

Modifica o elimina collegamento ipertestuale 3

Clicchiamo su Cancella collegamenti ipertestuali.

Invece del collegamento ad un sito, potremmo voler collegare, all'attività, un file, magari un contratto o un foglio Excel contenente dei calcoli.

Si procede come per i collegamenti ipertestuali.

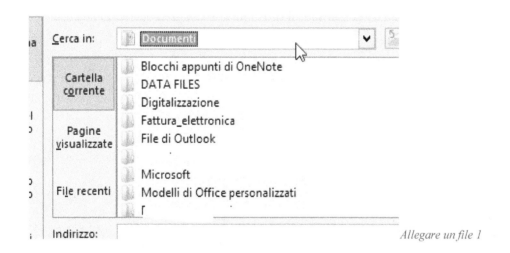

Allegare un file 1

Andiamo in Documenti e scegliamo il file che vogliamo allegare.

Indichiamo Desktop e scegliamo Budget.

Allegare un file 2

Diamo ok o clicchiamo due volte.

Ora, accanto all'attività, appare il simbolo del collegamento e, passandoci sopra con il mouse, Project ci informa che si tratta del collegamento ad un foglio di calcolo, data l'estensione .xlsx.

Clicchiamo due volte per aprire il file.

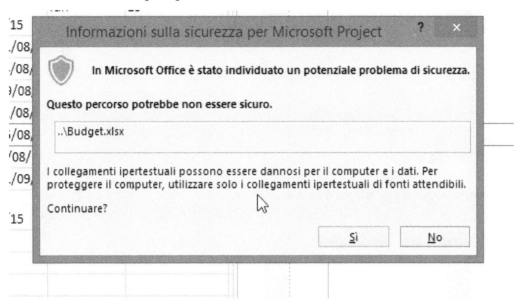

Questa schermata appare per motivi di sicurezza. Diamo ok perché il file è sicuro, essendo il nostro (fare molta attenzione quando nell'aprire i file che non sono stati predisposti da noi o se prima non sono stati analizzati con un programma antivirus).

Dando ok si apre il foglio di calcolo.

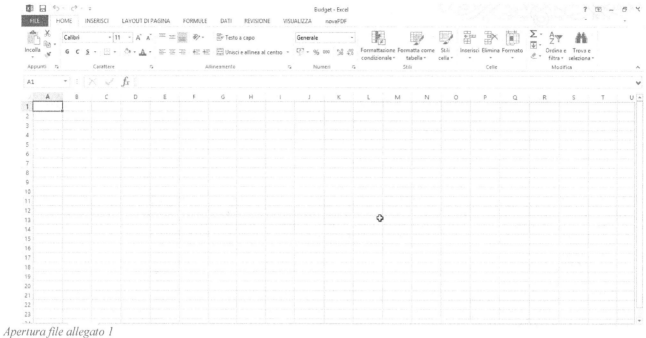

Apertura file allegato 1

Identica procedura occorre seguire per allegare un file di Word.

1) Imposta la programmazione automatica per tutte le attività di un progetto

2) Inserisci le seguenti attività operando sulla tabella del Diagramma di Gantt:

    a. 1. Indagine di mercato

    b. 2. Sviluppo software

    c. 3. Implementazione nei computer del cliente

3) Cosa indica il simbolo"?" accanto al numero?

4) Imposta le seguenti durate alle attività di cui sopra, operando sulla tabella:

    a. Attività 1 1s

    b. Attività 2 1mes

    c. Attività 3 1g

5) Inserisci una nuova attività tra l'attività 2 e 3 e chiamala "Test del software", durata 2g

6) Elimina la prima attività, "Indagine di mercato"

7) Dopo l'ultima attività, in Visualizzazione Dettagli, inserisci l'attività "Colloqui preliminari con il cliente", 2g

8) Sposta questa attività di modo che abbia un codice Id pari ad 1

9) Che cosa si intende per attività di riepilogo?

10) Rendi l'attività "Test del software" sotto attività della precedente

11) Nascondi la sotto attività utilizzando l'apposito comando del Gruppo dati

12) Mostra la sotto attività

13) Inserisci una nuova attività di riepilogo dopo l'attività 1 e chiamala "Analisi di mercato"

14) Inserisci, dopo la nuova attività di riepilogo, due sotto attività "Colloqui con gli esperti", 1s e "Studi scientifici, 2s

15) Guardando l'immagine che segue, perché la durata dell'attività di riepilogo è determinata considerando solo la seconda sotto attività?

◢ Indagini di mercato	10 g	mer 05/08/1	mar 18/08/1	
Colloqui con esperti	1 s	mer 05/08/15	mar 11/08/15	
Studi scientifici	2 s	mer 05/08/1	mar 18/08/1	

Seconda parte

16) Nozione di durata delle attività

17) Nozione di lavoro

18) Se per un'attività occorrono 4 giorni, di quanto sarà il lavoro?

19) Che cosa si intende per durata stimata o "*Estimated Time*"?

20) Che cosa indica il termine "durata trascorsa"?

21) Quali, tra queste lettere, indica la durata espressa in minuti?

    a.   .mt

    b.   .me

    c.   .m

    d.   .mi

22) Qual è l'orario predefinito in Project e dove si modifica?

23) Cambia la durata dell'attività 2, "Colloqui con gli esperti", portandola a 2s, operando sulla Tabella

24) Modifica la durata dell'attività 3 "Studi scientifici", portandola a 3s, operando tramite la finestra Informazioni

25) Qual è la durata predefinita in Project e dove si modifica?

26) Inserisci un'interruzione di 2g all'attività 3

27) Che cosa si intende per attività cardine in Project?

28) Segna l'ultima attività come attività cardine operando sulla tabella

29) Inserisci, tra la 4° e la 5^ attività, un'attività ricorrente, chiamandola "Riunione periodica con il cliente", che si tiene ogni 8 giorni lavorativi, durata 3h

Terza parte

30) Che cosa si intende per attività predecessore e successore in Project?

31) Che cosa si intende per.

    a. Relazione Fine-Inizio

    b. Relazione Inizio-Inizio

    c. Relazione Inizio-Fine

    d. Relazione Fine-Fine

32) Collega tutte le attività con una relazione Fine-Inizio

33) Quale pulsante, presente nel Gruppo Programmazione, Scheda Attività, consente di collegare le attività?

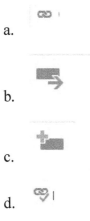

    a.

    b.

    c.

    d.

34) Modifica il tipo di collegamento tra le due sotto attività in Inizio-Inizio

35) Elimina il collegamento tra l'attività 1 e 2(attività di riepilogo) ed opera di modo che l'attività "Colloqui preliminari con il cliente" sia predecessore della prima sotto attività

36) Una relazione si può stabilire con un'attività di riepilogo?

37) Visualizza la colonna predecessori sulla Tabella del Diagramma di Gantt

38) Ripristina la relazione Fine-Inizio tra le due sotto attività agendo sul collegamento presente sul Diagramma di Gantt

39) Inserisci due nuove attività dopo l'attività "Studi scientifici" denominata "Analisi della concorrenza" e "Applicazione del software nel cloud", durata 1s per entrambe, ed imposta, per entrambe, un livello di struttura superiore

40) Collega queste due nuove attività con relazione Inizio-Inizio

41) Indica l'attività 4, "Studi scientifici" come predecessore dell'attività 5, "Analisi della concorrenza", tramite la finestra Informazioni

Quarta parte

42) Inserisci ritardo di 2g tra l'attività 3 "Colloqui con gli esperti" e l'attività 4 "Studi scientifici".

43) Inserisci un'anticipazione di 1g tra l'attività 4 e 5

44) In Project, digitare 1s e 7g significa impostare la stessa durata?

45) Indicare i tipi di vincoli in Project

46) Imposta il vincolo "Deve iniziare il"(data a scelta) all'attività 3, "Colloqui con gli esperti" ed evita il conflitto di programmazione

47) Se si scrive una data di Fine nella colonna fine della Tabella, che tipo di vincolo viene impostato all'attività?

48) Perché, quando si impostano i vincolo semi-flessibili o rigidi, occorre prestare particolare attenzione ai conflitti di programmazione?

49) Nella finestra Informazioni, quale scheda occorre aprire per impostare un vincolo?

50) Tra un vincolo rigido ed una data di scadenza, quale è preferibile scegliere e perché?

51) Indica, sul Diagramma di Gantt, l'esistenza di una scadenza per l'attività considerata

52) Inserisci una nota all'attività 5 "Contattare l'Ing. Rossi

53) Inserisci un collegamento all'attività 4 "Studi scientifici" al sito www.studiscientifici.it

54) Elimina il collegamento appena inserito tramite il pulsante sulla barra di Project

Obiettivi del capitolo

In questo capitolo ci si concentrerà sulle risorse del progetto.

In particolare modo:

- Si indicheranno i tipi di risorsa, distinguendo tra risorse lavoro, materiali e costo;

- Si opererà con le risorse assegnandole alle attività;

- Si analizzerà la formula della programmazione, analizzando la correlazione esistente

fra durata, lavoro e risorse;

- Si distinguerà tra costi fissi e variabili.

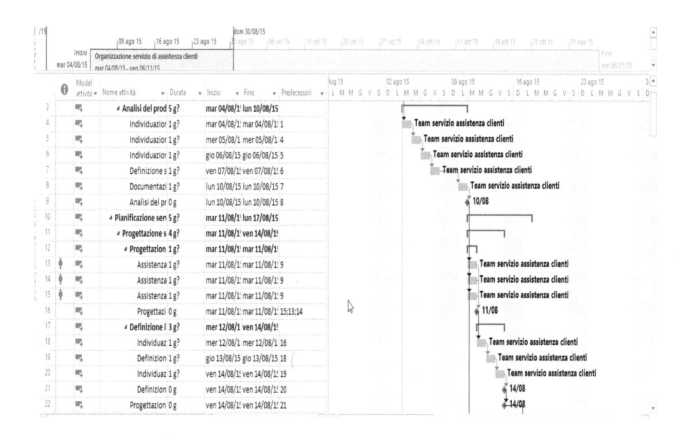

Capitolo 5: Le risorse e i costi[xv]

Sezione 1: Le risorse del progetto

Nozione.

Per risorse del progetto ci si riferisce a tutte le persone, le attrezzature, i materiali ed i costi necessari per completare il progetto.

Nel dettaglio possiamo distinguere tre tipi di risorse:

- Le **risorse lavoro**, vale a dire le persone e le attrezzature che eseguono un lavoro;
- Le **risorse materiali**, beni di consumo necessari al progetto;
- Le **risorse costo**, per indicare un costo finanziario associato ad un'attività e del quale occorre tenere traccia a fini contabili, tipo i costi di rappresentanza.

Le risorse sono importanti non solamente perché svolgono il lavoro, consentendo quindi di realizzare il progetto, ma perché costano e, perciò, incidono sui costi del progetto.

Ecco dunque che un'applicazione di Project Management si rivela utile.

In primo luogo perché aiuta a tenere traccia dei costi legati alle risorse, in secondo luogo perché consente di identificare le risorse che non sono utilizzate o che sono sovrallocate, vale a dire utilizzate oltre la disponibilità delle stesse.

Venendo alle risorse lavoro, un elemento da considerare è la loro **disponibilità**, intesa come periodo di tempo in cui possono dedicarsi all'attività del progetto, disponibilità che si differenzia per le persone e le attrezzature.

Ed infatti, mentre le persone possono svolgere il lavoro (sono quindi disponibili), per 8 h al giorno, massimo 12 h, le attrezzature possono essere utilizzate ininterrottamente (ad esempio una stampante) nell'arco delle 24 ore.

A questi due tipi di risorse possono pertanto applicarsi due calendari diversi, Standard per le persone, 24 ore per le attrezzature.

Quanto alle persone, poi, la loro individuazione in Project può essere differente, vale a dire o si individuano nominativamente i soggetti coinvolti, ad esempio l'Ing. Mario Rossi, o si fa riferimento generico alla funzione svolta, ad esempio "Ingegnere", o per gruppi, ad esempio "operai", "pittori".

E' però importante che l'individuazione segua un criterio logico e, soprattutto, sia comprensibile per chi legge, soprattutto gli *stakeholders* quando si debbono comunicare gli sviluppi del progetto.

Delle risorse lavoro, poi, occorre indicare la disponibilità massima per l'esecuzione dell'attività, o Unità max che, per impostazione predefinita in Project è 100% se non è specificato altro.

L'indicazione **100%** vuol dire, per Project, che una determinata risorsa è disponibile a tempo pieno nel progetto.

Qui viene in evidenza uno dei vantaggi dell'utilizzare un'applicazione di Project Management in quanto Project 2013, nello specifico, avvisa con apposti indicatori quando l'attività è **sovrassegnata**, vale a dire quando si assegna un numero di attività superiori a quelle che la risorsa può svolgere.

In ogni modo, per le risorse individuate come gruppo, ad esempio "Operai", nella cella Unità max si può indicare anche 500% a significare 5 operai.

Delle risorse lavoro occorre soprattutto indicare le tariffe, vale a dire i costi per le stesse, che variano in quanto legati all'arco temporale in cui sono utilizzate le risorse. Si tratta di un elemento importante e di cui tener traccia da parte del Project Manager in quanto si possono tenere sotto controllo i costi del progetto, accertando l'eventuale superamento dei limiti di budget, potendo prontamente intervenire in caso di discostamenti da quanto preventivato.

Nello specifico, per le persone si possono indicare:

- **La tariffa Standard**, espressa in un importo per l'unità di tempo considerata (di default l'ora in Project salvo specifiche);

- **La tariffa Straordinaria**, vale a dire i costi legati all'utilizzo delle persone oltre il normale orario di lavoro;

- **I Costi per Uso** o **Costi/Uso**, un tot attribuito per ogni utilizzo della risorsa, ad esempio, per il noleggio del macchinario per arrotare i pavimenti. La voce Costi/Uso, può anche aggiungersi alle altre due tariffe.

Oltre alle risorse lavoro, si hanno le **risorse materiali** o beni consumabili, ad esempio, nel caso del nostro progetto di ristrutturazione di un appartamento, i pennelli, la vernice, i chiodi.

Queste risorse non svolgono un lavoro come le risorse lavoro, ma sono utilizzate nello svolgimento delle attività dalle risorse lavoro.

E' per questo che, a differenza delle risorse lavoro, non viene in considerazione né il campo Unità max né quello sulla tariffa Straordinaria.

Infine, si hanno le **Risorse costo**, il cui importo cambia nel corso del progetto in funzione dell'uso che se ne fa.

Come indicato in precedenza, si tratta di costi finanziari associati ad un'attività che, però, non hanno influenza sulla programmazione in quanto non svolgono alcun lavoro.

Servono solo per tenerne traccia nel progetto, soprattutto a fini contabili.

Come di tutti i costi, inoltre, Project ne calcola l'incidenza sui costi totali del progetto.

Si possono indicare, a titolo di esempio:

- Costi associati alle risorse lavoro, oltre a quelli relativi alle tariffe (ad esempio biglietti di viaggio);

- Spese di rappresentanza;

- Costi per corsi di formazione.

Trattandosi di importi indicati per la cifra complessiva, non sono evidenziati i campi Unità max, Tariffa Standard e Straordinaria e Costo/Uso.

Mentre, infatti, con le altre risorse si possono distinguere le tariffe su base giornaliera o mensile o anche annuale, con le risorse costo si indica l'importo solo nel momento in cui si assegna la risorsa ad un'attività, intendendosi per **assegnazione, l'abbinamento di una risorsa ad un'attività che esegue un lavoro** e, benché non sia necessario assegnare una risorsa ad un'attività in Project, ciò non di meno è consigliabile farlo, beneficiando di uno dei punti di forza di un'applicazione di Project Managament.

Tramite l'assegnazione, infatti, siamo in grado di rispondere a domande del tipo:

- Chi deve lavorare e quando all'attività

- Qualcuna delle risorse è sovrassegnata rispetto alla disponibilità della stessa

- La risorsa è disponibile nel periodo preso in considerazione

- La risorsa è in grado di svolgere il proprio lavoro o può essere sostituita da altra risorsa più valida

Vediamo nel dettaglio il funzionamento.

Per visualizzare le risorse, occorre far clic sulla Scheda Visualizza e cliccare o direttamente su Elenco risorse o operare sulla freccia con la punta rivolta verso il basso posta accanto alla voce Elenco risorse.

Qui scegliere "Elenco risorse".

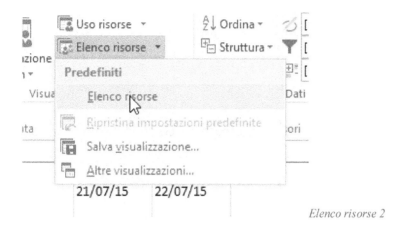

Elenco risorse 2

Si apre la seguente finestra, che ricorda un foglio di calcolo.

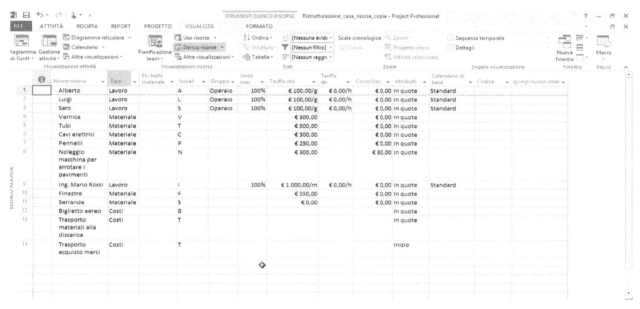

Elenco risorse 3

Per comodità espositiva sono già presenti dei dati.

Vedremo, poi, nelle pagine seguenti, come si inseriscono i dati. Adesso analizziamo le intestazioni delle colonne della finestra Risorse.

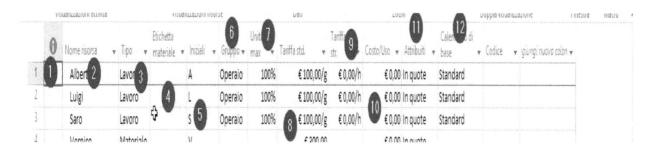

Le intestazioni hanno riguardo:

- Il campo "i" (1) sta per indicatori, con simboli contenenti diversi tipi di informazioni su un'attività o risorse (se ne sono visti degli esempi nei precedenti capitoli quando si sono aggiunte le note o hyperlink alle attività);

- Qui (2) si indica il nome della risorsa. Come detto, si può indicare il nome completo di una persona, le iniziali o il gruppo di appartenenza;

- Nella colonna tipo (3) occorre specificare se si tratta di risorsa lavoro, materiale o costo. Per impostazione definita, quando si scrive un nome nel campo "nome risorsa" e si preme invio, Project considera la risorsa come risorsa lavoro, trattandosi delle risorse più importanti, quelle che svolgono il lavoro e, quindi, che consentono la realizzazione del progetto;

- La colonna Etichetta materiale (4) si riferisce alle risorse materiali, con indicazione del tipo o dell'unità di misura, ad esempio bottiglie, litri, kilogrammi

ⓘ	Nome risorsa ▼	Tipo ▼	Etichetta materiale ▼	Iniziali ▼
	Alberto	Lavoro		A
	Luigi	Lavoro		L
	Saro	Lavoro		S
	Vernice	Materiale	Barattolo	V
	Rubinetti	Materiale		R
	Cavi elettrici	Materiale	Fili	C
	Pennelli	Materiale		P
	Noleggio	Materiale		N

Elenco risorse 5: Voce Etichetta Materiale

- Qui (5) si indicano le iniziali della risorsa. Se non si specifica nulla, Project prende la prima lettera del nome. Ad esempio, l'operaio Alberto è riportato come "A";

- L'eventuale gruppo di appartenenza di risorse (6) con le medesime caratteristiche tecniche in funzione del lavoro che debbono svolgere, ad esempio il gruppo edile, i pittori, i restauratori, i programmatori;

- Qui (7) si indica l'Unità Max di capacità della risorsa, vale a dire la quantità massima di disponibilità della stessa nello svolgere il lavoro, espressa in percentuale. Ad esempio, indicare 100%, equivale a dire che la risorsa è disponibile a tempo pieno o full time;

- Tariffa Standard (8), costo che si sostiene per la risorsa. Di default Project 2013 utilizza il costo orario, semplicemente scrivendo la cifra nella cella e premendo invio sulla tastiera. Si possono, però, specificare i costi per minuti, giornalieri, settimanali, mensili ed annuali. Ad esempio, digitando 200/g, Project indica la tariffa standard della risorsa come €. 200,00 al giorno;

- La Tariffa Straordinaria (9), vale a dire il costo di utilizzo della risorsa per il tempo eccedente il normale orario di lavoro che, si ricorda, per Project è di 8 h giornaliere, dalle 9:00 alle 18:00 (con un'ora di pausa), per 5 giorni settimanali (dal lunedì al venerdì), per 20 giorni al mese. Per il calcolo, si segue la stessa metodologia della tariffa standard;

- Costo/Uso o costo per uso (10), relativo ai costi aggiuntivi di una risorsa oltre la tariffa standard o in alternativa a questa. Ad esempio, il noleggio di un macchinario ha un costo di €. 300,00 a settimana al quale occorre aggiungere €. 300,00 per uso (il lubrificante), o la benzina per il furgone preso a noleggio per trasportare materiali alla discarica;

- Gli Attributi (11), campo che specifica come Project calcola costo per un'attività. Di default è in quote, vale a dire in proporzione al lavoro mano a mano che l'attività viene svolta. In alternativa si può optare per:

  a. All'Inizio, non appena l'attività ha inizio;

  b. Alla fine, quando l'attività è terminata, dovendosi, in questi due ultimi casi, considerarne la diversa incidenza sui tempi di calcolo dei totali dei costi per le risorse basati sulle tariffe.

- Il calendario da applicare alla risorsa, tra Standard, 24 ore e Turno di notte

Vediamo ora all'ora Project 2013.

Apriamo Project in Elenco risorse (Scheda Visualizza, Elenco risorse).

Appare la Finestra Elenco Risorse dove possiamo inserire le risorse del nostro progetto.

Elenco risorse 6

Come per le attività, le risorse si possono inserire in diversi modi.

1) O digitando il nome nella colonna Nome risorsa, o tramite il Modulo Risorsa in vista Dettagli, al quale si accede mettendo il segno di spunta nel quadratino Dettagli, Gruppo doppia visualizzazione, Scheda Risorsa.

Visualizza Dettagli Risorse 1

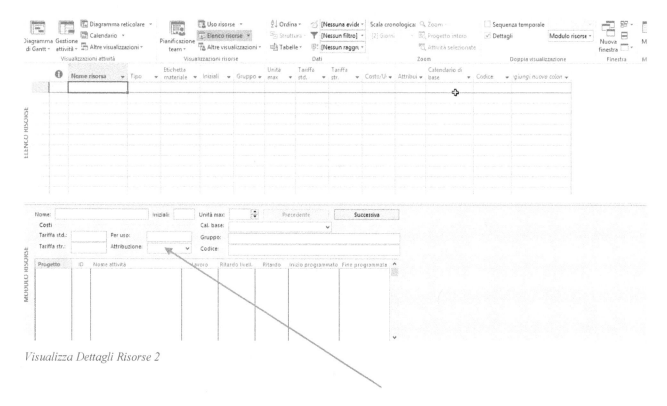

Visualizza Dettagli Risorse 2

2) Oppure, facendo doppio clic nella cella della risorsa interessata. Si apre la finestra Informazioni risorsa dove possiamo indicare il Nome della nostra risorsa, i costi, le note su questa risorsa e i campi personalizzati.

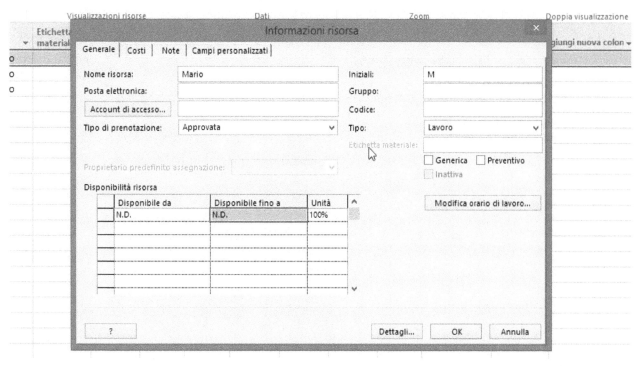

Informazione risorsa 1

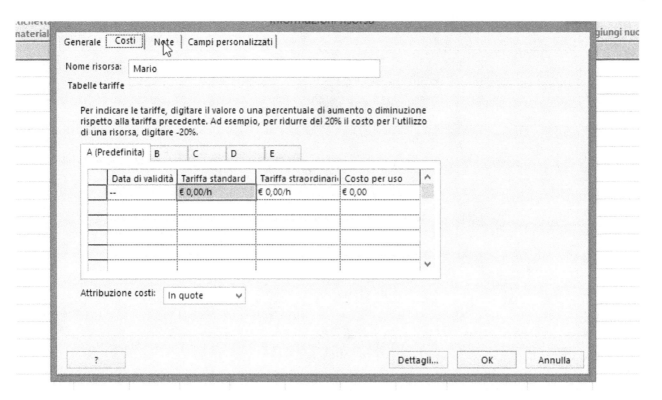

Informazione risorsa 2

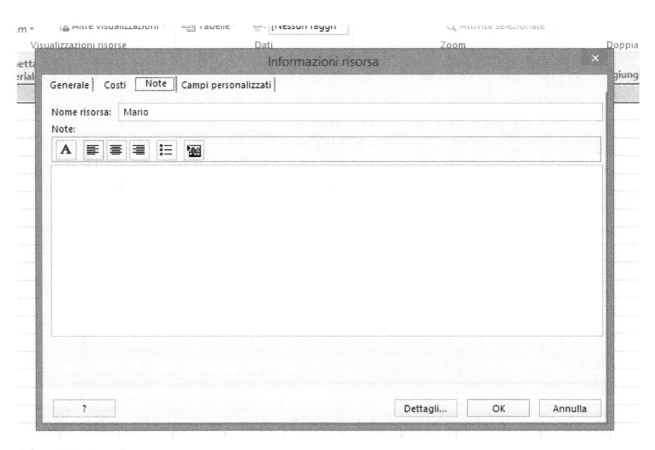

Informazione risorsa 3

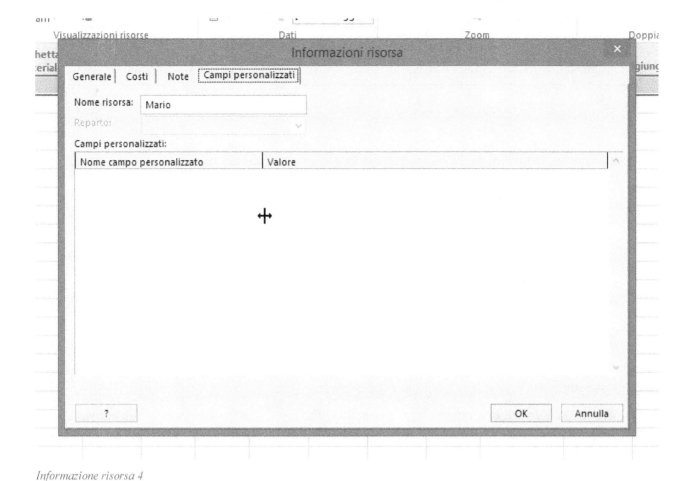

Informazione risorsa 4

3) La stessa finestra si apre anche selezionando con un solo clic del mouse la cella della risorsa di interesse, andando su Scheda Risorsa e cliccando su Informazioni, Gruppo Proprietà.

Informazione risorsa 5

Iniziamo, pertanto, ad inserire le risorse secondo uno dei metodi sopra citati.

Scriviamo il nome della prima risorsa Alberto, e diamo invio.

	ⓘ	Nome risorsa ▾	Tipo ▾	Etichetta materiale ▾	Iniziali ▾	Gruppo ▾	Unità max ▾	Tariffa std. ▾	Tariffa str. ▾	Costo/U: ▾	Attribui ▾	Calendario di base ▾
1		Alberto	Lavoro		A		100%	€0,00/h	€0,00/h	€0,00	In quote	Standard

Inserimento risorsa 1

Project, per impostazione predefinita, come detto, attribuisce alla risorsa:

- Il tipo lavoro,

- Come iniziale "A"

- Per Unità max 100%

- Rende pronte a ricevere dati le celle Tariffa Standard, Straordinario e Costi/Uso

- Come Attributi In quote

- Come calendario di base, quello Standard.

Aggiungiamo altre risorse ed arriviamo alla risorsa 4.

Qui digitiamo Vernice e, quando arriviamo nella cella Tipo, che Project per default indica come Lavoro, clicchiamo sulla freccia nera con la punta rivolta verso il basso e scegliamo Materiale

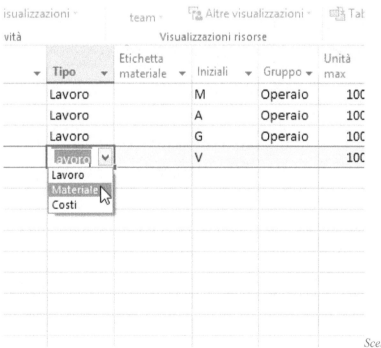

Scelta tipo risorsa 1

In alternativa, sempre nella colonna tipo, iniziamo a scrivere la lettera "m", indifferentemente minuscolo o maiuscolo.

In automatico appare la scritta Materiale.

Scelta tipo risorsa 2

Diamo invio e vediamo come Project reagisce.

Dati risorse materiali 1

Gli unici campi che appaiono evidenziati sono la Tariffa standard, il Costo/Uso e gli Attributi In quote non potendosi indicare, per queste risorse, altri dati che quelli in queste tre celle.

Inseriamo altri dati, magari tramite la vista Dettagli.

Inseriamo il nome della risorsa (1), andiamo su tipo Risorsa (2) e scegliamo materiale, e poi clicchiamo su Successiva (3).

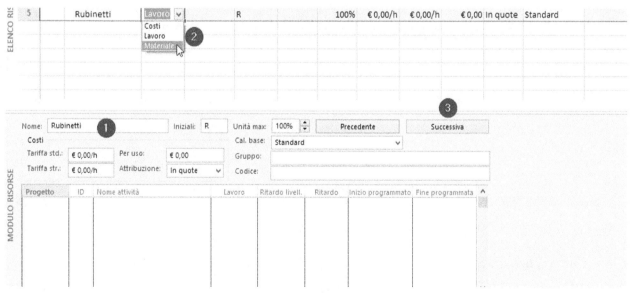

Dati risorse materiali 2

Ecco la risorsa "Rubinetti".

197

		Nome risorsa	▼	Tipo	▼	Etichetta materiale	▼	Iniziali	▼	Gruppo	▼	Unità max	▼	Tariffa std.	▼	Tariffa str.	▼	Costo/U:	▼	Attribui	▼	Calendario di base	▼
1		Alberto		Lavoro				A				100%		€ 0,00/h		€ 0,00/h		€ 0,00		In quote		Standard	
2		Luigi		Lavoro				L				100%		€ 0,00/h		€ 0,00/h		€ 0,00		In quote		Standard	
3		Saro		Lavoro				S				100%		€ 0,00/h		€ 0,00/h		€ 0,00		In quote		Standard	
4		Vernice		Materiale				V						€ 0,00				€ 0,00		In quote			
5		Rubinetti		Materiale				R						€ 0,00				€ 0,00		In quote			

Dati risorse materiali 3

Inseriamo, adesso, alcuni Risorse costo tramite la finestra informazioni al quale si accede o facendo doppio clic sul nome della cella Nome risorsa o, con la cella selezionata, Scheda Risorsa, Informazioni, Gruppo Proprietà.

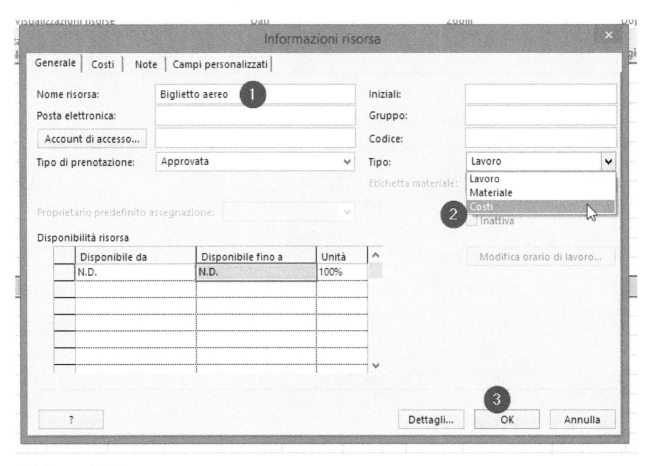

Dati risorse materiali 4

Scriviamo il nome della risorsa (1), in Tipo scegliamo Materiale (2) e poi diamo ok (3).

Specificando il tipo come Risorsa costo, si ottengono questi dati.

	ⓘ	Nome risorsa ▾	Tipo ▾	Etichetta materiale ▾	Iniziali ▾	Gruppo ▾	Unità max ▾	**Tariffa std.** ▾	Tariffa str. ▾	Costo/U: ▾	Attribui ▾	Calendario di base ▾
2		Luigi	Lavoro		L		100%	€ 0,00/h	€ 0,00/h	€ 0,00	In quote	Standard
3		Saro	Lavoro		S		100%	€ 0,00/h	€ 0,00/h	€ 0,00	In quote	Standard
4		Vernice	Materiale		V			€ 0,00		€ 0,00	In quote	
5		Rubinetti	Materiale		R			€ 0,00		€ 0,00	In quote	
6		Cavi elettrici	Materiale		C			€ 0,00		€ 0,00	In quote	
7		Pennelli	Materiale		P			€ 0,00		€ 0,00	In quote	
8		Noleggio macchina	Materiale		N			€ 0,00		€ 0,00	In quote	
9		Ingegnere	Lavoro		I		100%	€ 0,00/h	€ 0,00/h	€ 0,00	In quote	Standard
10		Finestre	Materiale		F			€ 0,00		€ 0,00	In quote	
11		Serrande	Materiale		S			€ 0,00		€ 0,00	In quote	
12		Biglietto aereo	Costi		B						In quote	

Risorse 1

Come si può vedere, gli unici campi evidenziati sono gli Attributi in quote, in quanto Project non consente di indicare gli importi delle Risorse costo. Solo al momento dell'attribuzione alla risorsa di riferimento si potranno indicare i relativi importi.

Per spostare una risorsa da una riga ad un'altra, si può procedere come per le attività, così come, analogamente, si possono inserire nomi ed Hyperlink ricordando che, con la Visualizzazione Elenco risorse, cliccando sulla Scheda Risorsa, l'immagine che appare è la seguente.

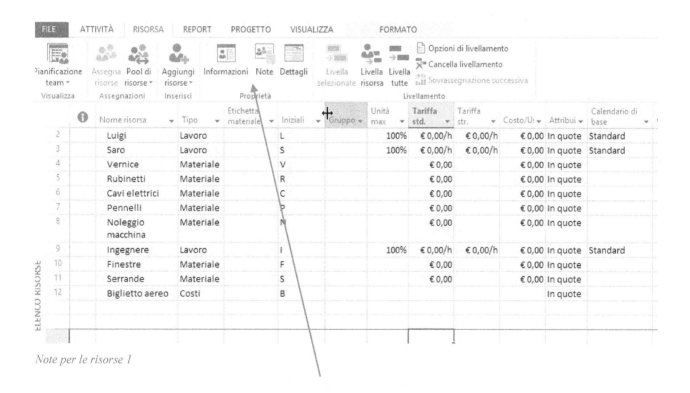

Note per le risorse 1

Per eliminare una risorsa, infine, è sufficiente selezionare e premere Canc da tastiera oppure, aprire la finestra Informazioni e cancellare il relativo nome.

La formula di programmazione.

Creata un'attività, fin quando non le si assegna[xvi] una risorsa non si ha alcun lavoro associato in quanto il lavoro indica la quantità di tempo che impiega una risorsa per portare a termine un'attività. Ad esempio, qualora si abbia una risorsa impiegata a tempo pieno, la quantità di tempo indicata dal lavoro corrisponde a quella indicata come durata.

Ne deriva, pertanto, che tra la durata delle attività, il lavoro e le risorse, vi è una relazione chiamata **"Formula della programmazione"**, termine che indica come le modifiche di un elemento incidono sugli altri.

La formula utilizzata da Project è la seguente:

Lavoro = Durata x Unità.

Da cui si ricava che:

Durata = Lavoro / Unità

Unità = Lavoro / Durata

Analizziamoli nel dettaglio:

- Il lavoro, inteso come quantitativo di tempo che impiega una risorsa per compiere un'attività;

- La Durata, come arco temporale che va dalla data di inizio di un'attività alla data di fine;

- Unità intesa come capacità lavorativa di una risorsa assegnata ad un'attività, full time o part time, ad esempio l'operaio che lavora part time quindi al 50%.

Per calcolare come la modifica di un elemento incide sugli altri due, occorre considerare che, non appena si assegnano risorse alle attività programmate automaticamente[xvii], Project applica due sistemi per controllare la programmazione:

- Una distinzione basata sui Tipi di attività;

- La programmazione basata sulle risorse, o *effort-driven scheduling*, disattivata per impostazione predefinita[xviii].

Quanto ai tipi possiamo distinguere:

- Ad Unità fisse, in cui non si modificano la percentuali del lavoro delle risorse impiegate (il 50% indicato prima dell'operaio che lavora part time);

- A Lavoro fisso, in cui Project non modifica il quantitativo di lavoro programmato;

- A Durata fissa, dove non cambia il tempo programmato.

Per **programmazione basata sulle risorse**, invece, con l'aggiunta di più risorse ad un'attività ci sarà da svolgere meno lavoro per ciascuna risorsa, sebbene il lavoro totale non si modificherà.

Vediamo nel dettaglio ciascuno di questi casi, considerando che, quando si assegna una risorsa ad un'attività, per impostazione predefinita, l'Unità di assegnazione è al 100%, salvo che non si specifichi diversamente (il 50% del nostro operaio che lavora part time).

A) Si ha un'attività ad unità fisse, con una risorsa impiegata a tempo pieno (100%) per 8 h al giorno. L'attività ha durata di 10 giorni e 80 ore di lavoro (8h x 10g x 100% di disponibilità, secondo la formula di programmazione).

Se si aggiunge una risorsa, pure a tempo pieno perché, come detto, l'attività è a unità fissa e qui al 100%, le 80 h di lavoro saranno svolte in 5 giorni, invece di dieci, per cui, **se aumentano le risorse, ad unità fisse, diminuisce la durata**.

Se, invece, si hanno a disposizione solo 8 giorni ed una sola risorsa, diminuirà il lavoro svolto dalla stessa, nella specie 64 h (8h x 8g x 100% di disponibilità dalla risorsa, sempre perché ad unità fissa), per cui, **al diminuire della durata, ad unità fisse, diminuisce il lavoro** della risorsa.

Se, invece, aumenta il lavoro, ad esempio 100 h sempre con una sola risorsa, aumenterà la durata che impiega l'unica risorsa a completare il lavoro per cui, ad **unità fisse, aumentando il lavoro aumenterà la durata per svolgere il lavoro**.

B) Impostiamo la stessa attività a lavoro fisso, vale a dire un tipo di attività dove si può utilizzare solo la quantità di lavoro specificata, qui 80 h dell'esempio di prima.

Se aumentiamo le risorse, portandole a due, rimangono 80 h (perché a lavoro fisso) ma in 5 giorni, per cui, a **lavoro fisso, aumentando le risorse, diminuisce la durata**.

Se, invece, la durata è di soli 8 giorni invece di 10, per completare l'attività sempre in 80 h, occorre aumentare le risorse, per cui **se diminuisce la durata, nell'attività a lavoro fisso, aumentano le risorse**.

C) Impostiamo, infine, la stessa attività a durata fissa, vale a dire che l'attività deve essere portata a compimento entro il termine specificato, nell'esempio 10 giorni.

Se aggiungiamo una risorsa, il quantitativo di lavoro della prima risorsa, inizialmente di 80 h, viene rimodulato in 40 h per risorsa nel corso dei 10 giorni per cui, a **durata fissa, aumentano le risorse, diminuisce il lavoro di ciascuna**.

Se, invece, aumentano le ore di lavoro, sarà necessario aumentare le risorse, per cui, a durata fissa, **se aumenta il lavoro, si dovranno aumentare le risorse**.

Quanto alla programmazione basata sulle risorse, come detto, per impostazione predefinita in Project è disattivata.

Per attivarla, occorre scegliere File, clic su Opzioni, Scheda Programmazione e selezionare la casella di controllo "Programma nuove attività in base alle risorse".

Per scegliere questo tipo di programmazione il Project Manager si deve domandare: "Se una risorsa è in grado di svolgere un'attività in 80 h, due risorse possono farlo in 40h ciascuna, riducendosi anche la durata?".

Quando questo tipo di programmazione è attivato, si verifica che:

- Se l'attività assegnata è di tipo **A Unità fisse**, l'aggiunta di risorse riduce la durata, con vantaggi nei tempi del progetto;

- Se l'attività assegnata è di tipo **A Durata fissa**, assegnando risorse aggiuntive si riducono le unità di lavoro assegnato alle singole risorse, vale a dire se prima dell'assegnazione l'attività lavora al 100%, dopo, con due risorse, si ha il 50%. Da valutare dal Project manager se ha bisogno di liberare una risorsa dal carico di lavoro per occuparle su altro in contemporanea;

- Se l'attività, infine, è **A lavoro fisso**, l'assegnazione di risorse riduce la durata dell'attività.

Questi concetti, indubbiamente complessi, risultano più chiari vedendo Project in funzione.

Riprendiamo il nostro progetto ristrutturazione casa e inseriamo le attività "Costruzione ripostiglio" e "Costruzione soppalco" di durata di 5g.

28		Costruzione ripostiglio	5 g		
29		Costruzione soppalco	5 g		

Riprogrammazione delle attività 1

Adesso attribuiamo due risorse, Ettore e Giordano, due muratori dalla tariffa Standard di €. 55,00 al giorno, inseriti tramite visualizzazione Elenco Risorse.

Inseriamo le due risorse e diamo invio.

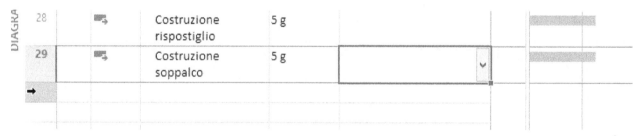

Riprogrammazione delle attività 2

Appare un indicatore dato da un'icona gialla e da un triangolo verde posto in altro a sinistra alla cella contenente l'attività "Costruzione ripostiglio".

Clicchiamo sopra.

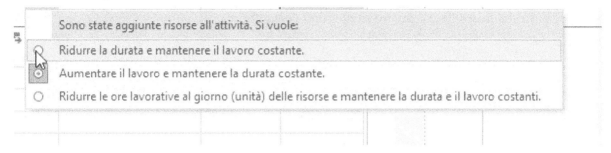

Riprogrammazione delle attività 3

Appare questa finestra perché Project ci avvisa che stiamo assegnando più di una risorsa lavoro ad un'attività, ciò che implica maggiori costi.

In questa finestra abbiamo delle opzioni:

- Aumentare il lavoro e mantenere la durata costante, segnato per default;
- Ridurre la durata e mantenere la durata costante;
- Ridurre le ore lavorative al giorno (unità) delle risorse e mantenere la durata e il lavoro costanti.

Vediamo cosa succede optando per tutti e tre una alla volta.

Scegliendo la prima impostazione di default, le due risorse lavorano di più (vale a dire fanno più ore) ma la durata rimane la stessa.

Riprogrammazione delle attività 4

Scegliendo la seconda opzioni, si riduce la durata ma si mantiene il lavoro costante.

Riprogrammazione delle attività 5

Come possiamo vedere, infatti, l'attività è svolta in 2,5 giorni ma i due operai lavorano sempre a tempo pieno.

Scegliendo la terza opzione, invece, si riducono le ore lavorative giornaliere (le risorse risultano impegnate al 50%), ma la durata e il lavoro rimangono costanti.

Riprogrammazione delle attività 6

Vediamo, adesso, un esempio di programmazione basata sulle risorse.

Apriamo un progetto nuovo ma, prima di inserire le attività, andiamo in File, Ozioni, scheda Programmazione mettiamo il segno di spunta accanto a "Programma nuove attività in base alle risorse".

Finestra programmazione 1

Creiamo, poi, le due attività "Costruzine ripostiglio", di durata di 5g, e "Costruzione soppalco", sempre di durata di 5 g.

Creiamo le risorse Attilio ed Ettore con una tariffa standard di €. 55,00 al giorno.

Assegniamo alla prima attività le due risorse in questione.

Programmazione basata sulle risorse 1

Come si può vedere, trattandosi di attività dove la programmazione è basata sulle risorse, Project riduce subito la durata (2,5 giorni), benché ci avvisi della possibilità di modificare la programmazione sulla base dell'assegnazione di una nuova risorsa.

La differenza non si nota con il caso, sempre a lavoro fisso, dove all'aumentare delle risorse, come visto, si riduce la durata in quanto in questa sola ipotesi, la programmazione è sempre basata sulle risorse.

Aprendo, infatti, l'indicatore, ci appaiono le opzioni viste prima.

La differenza, pertanto, rispetto alla programmaizione non basata sulle risorse, è che Project, non appena è aumentato il numero delle risorse riduce la durata dell'attività.

Sta nel Project Manager valutare se ciò sia conveniente oppure no.

Ed infatti, come sottolineato, la programmazione basata sulle risorse risponde alla domanda "Se un'attività è svolta in un tot numero di ore da una risorsa, la stessa attività può essere svolta da due risorse?".

La risposta affermativa non deve essere solo legata alla durata (due risorse svolgono il lavoro in minor tempo rispetto a una), ma anche nell'ottica di un coordinamento del lavoro, in funzione dell'attività che si debbono svolgere.

Le risorse, infatti, potrebbero intralciarsi l'un l'altra se troppe con conseguenti riflessi negativi sul lavoro.

Dipende, pertanto, dall'attenta valutazione del Manager di progetto decidere quando applicare la programmazione basata sulle risorse.

Ed è per questo che, per impostazione predefinita, tale programmazione è disattivata.

Chiudiamo, senza salvare, il progetto sulla programmazione basata sulle risorse.

Ritorniamo al nostro progetto della costruzione del ripostiglio e del soppalco ed assegniamo le stesse risorse alla costruzione del soppalco.

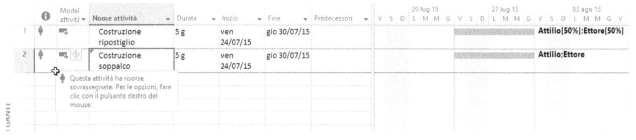

		Modal attività ▾	Nome attività ▾	Durata ▾	Inizio ▾	Fine ▾	Predecessori ▾	20 lug 15 V S D L M M G	27 lug 15 V S D L M M G V	03 ago 15 V S D L M M G V
1			Costruzione ripostiglio	5 g	ven 24/07/15	gio 30/07/15				Attilio[50%];Ettore[50%]
2			Costruzione soppalco	5 g	ven 24/07/15	gio 30/07/15				Attilio;Ettore
			Questa attività ha risorse sovrassegnate. Per le opzioni, fare clic con il pulsante destro del mouse.							

Risorse sovrassegnate 1

Accanto alle attività appare l'indicatore di un omino rosso ad avvisare che le due risorse sono sovrassegnate, vale a dire sono chiamate a svolgere più attività di quelle che sono consentite dalla loro capacità.

Per risolvere il problema chicchiamo su Sceda Risorse, Gruppo Livellamento, Livella risorsa.

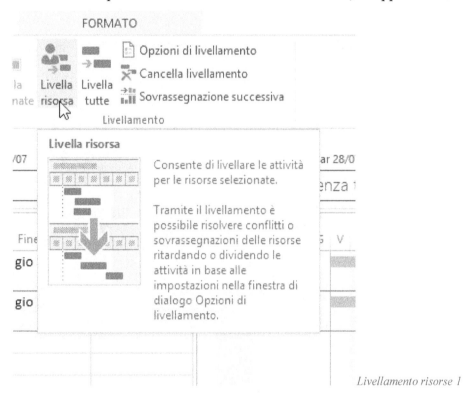

Livellamento risorse 1

Ci appare la finestra livella risorse con i nomi delle risorse sovrassegnate.

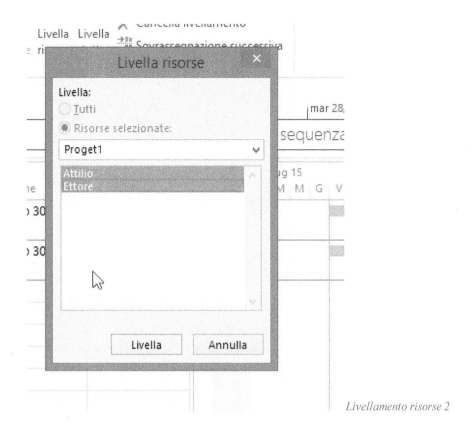

Livellamento risorse 2

Clicchiamo su Livella.

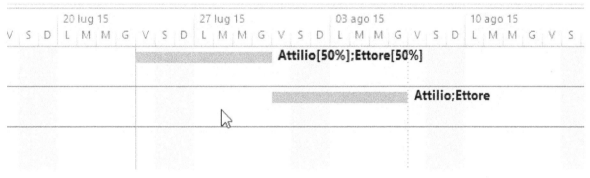

Livellamento risorse 3

Project, per risolvere il problema della sovrallocazione, sposta la data di inizio della seconda attività alla data di fine della prima.

Può poi capitare di avere più risorse sovrassegnate, come si può vedere dall'immagine che segue.

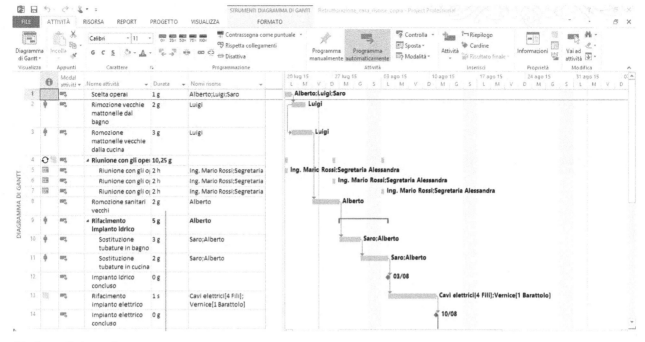

Livellare più risorse 1

In questo caso possiamo ricorrere al comando Livella Tutte, nella Scheda Risorsa, Gruppo Livellamento.

Livellare più risorse 2

Nel nostro caso, appare una finestra in cui Project ci avvisa dell'impossibilità di procedere al Livellamento.

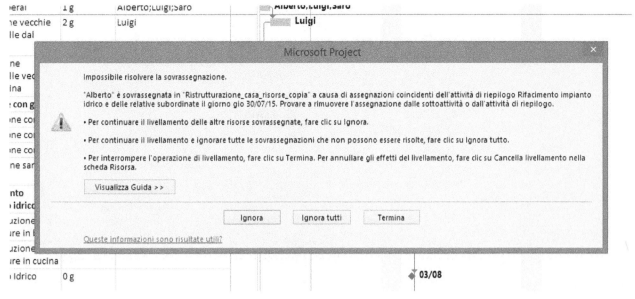

Livellare più risorse 3

Analizzando le spiegazioni, ci si accorge di aver commesso un errore, in quanto una risorsa, l'operaio "Alberto", è stato assegnato all'attività di riepilogo "Rifacimento impianto idrico" che, per definizione, non è un'attività dotata di autonomia, ma la risultante delle attività subordinate, nel nostro esempio "Sostituzione tubature in bagno" e "Sostituzione tubature in cucina".

9			◢ Rifacimento impianto idrico	5 g	Alberto
10			Sostituzione tubature in bagno	3 g	Saro;Alberto
11			Sostituzione tubature in cucina	2 g	Saro;Alberto
12			Impianto Idrico concluso	0 g	

Livellare più risorse 4

E' sufficiente, pertanto, cancellare la risorsa "Alberto" dall'attività di riepilogo, selezionandola e premendo Canc da tastiera, o tramite la finestra Informazioni.

In questo modo si è risolto il problema della sovrassegnazione.

9		⊿ **Rifacimento impianto idrico**	5 g	⌄	
10		Sostituzione tubature in bagno	3 g	Saro;Alberto	
11		Sostituzione tubature in cucina	2 g	Saro;Alberto	
12		Impianto Idrico	0 g		

Livellare più risorse 5

Operazioni con le risorse.

Vediamo, adesso, come attribuire le risorse alle attività, risorse che, dopo le modifiche, dovrebbero presentarsi così:

Le risorse del nostro progetto 1

Ritorniamo alla Visualizzazione Diagramma di Gantt.

Per assegnare risorse possiamo:

1) Sulla Tabella cliccare sotto la colonna Nomi risorsa sulla freccia nera con la punta rivolta verso il basso. Si apre una finestra dove possiamo selezionare una o più risorse mettendo il segno di spunta prima del nome che ci interessa.

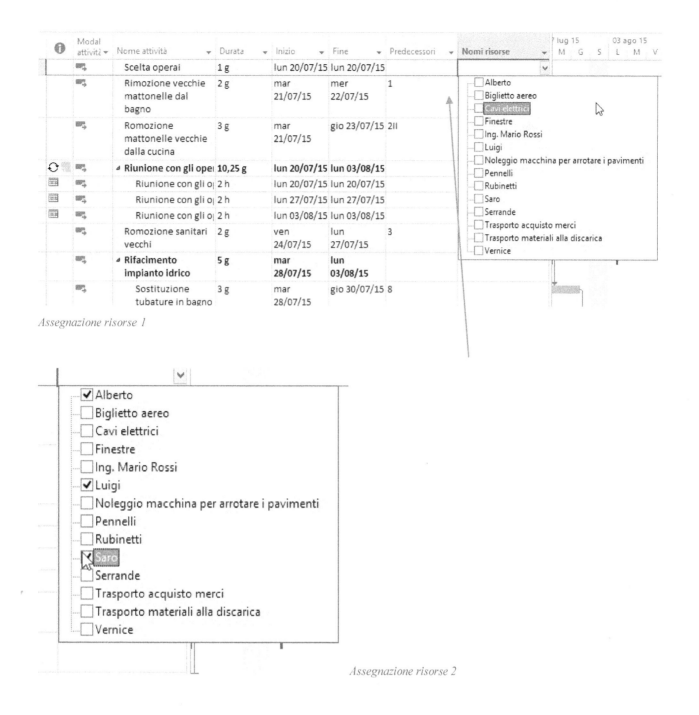

Assegnazione risorse 1

Assegnazione risorse 2

Diamo invio da tastiera.

Assegnazione risorse 3

Ecco le nostre risorse come appaiono sia sulla tabella che sul Diagramma di Gantt dove, accanto alla barra relativa all'attività "Scelta degli operai", sono presenti i nomi.

La tabella mostra solo le colonne Nome attività e Nomi risorse perché le altre sono state nascoste (facendo clic con il tasto destro sull'intestazione di colonna e scegliendo "Nascondi colonna").

2) In alternativa si può cliccare con il tasto destro del mouse sulla cella sotto Nome risorsa e digitare assegna risorsa.

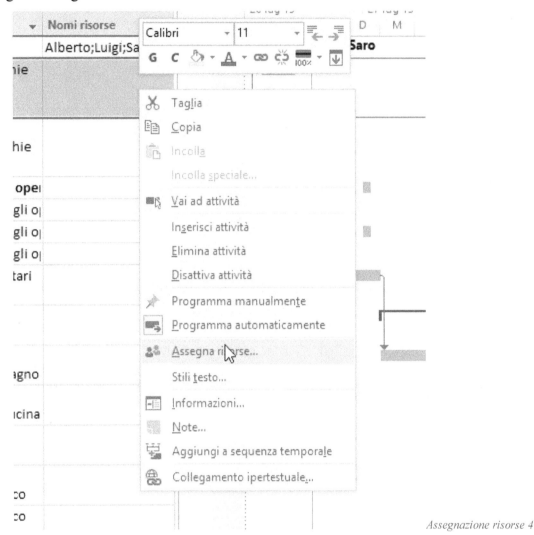

Assegnazione risorse 4

Si apre la finestra Assegna risorse.

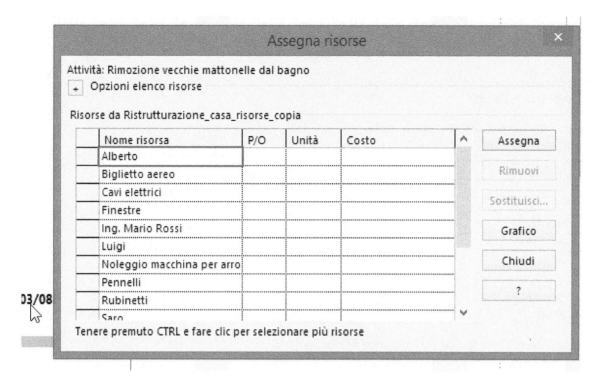

Finestra Assegna risorse 1

La medesima finestra si apre tramite Scheda Risorse, pulsante Assegna Risorse del Gruppo Assegnazioni.

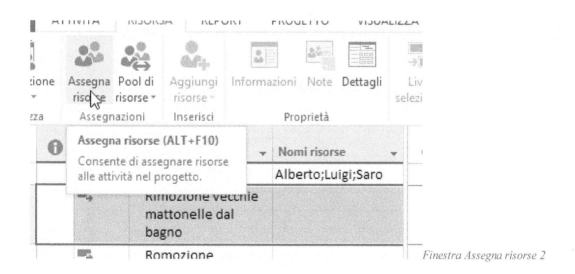

Finestra Assegna risorse 2

Nella Finestra assegna Risorse, prendiamo la prima risorsa "Alberto" e clicchiamo su Assegna.

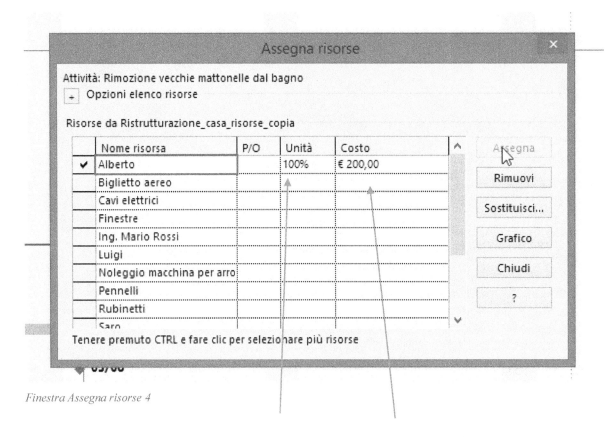

Finestra Assegna risorse 3

Assegna risorse

Attività: Rimozione vecchie mattonelle dal bagno

Opzioni elenco risorse

Risorse da Ristrutturazione_casa_risorse_copia

Nome risorsa	P/O	Unità	Costo
Alberto			
Biglietto aereo			
Cavi elettrici			
Finestre			
Ing. Mario Rossi			
Luigi			
Noleggio macchina per arro			
Pennelli			
Rubinetti			
Saro			

Tenere premuto CTRL e fare clic per selezionare più risorse

Assegna · Rimuovi · Sostituisci... · Grafico · Chiudi · ?

08

Finestra Assegna risorse 4

Assegna risorse

Attività: Rimozione vecchie mattonelle dal bagno

Opzioni elenco risorse

Risorse da Ristrutturazione_casa_risorse_copia

Nome risorsa	P/O	Unità	Costo
✔ Alberto		100%	€ 200,00
Biglietto aereo			
Cavi elettrici			
Finestre			
Ing. Mario Rossi			
Luigi			
Noleggio macchina per arro			
Pennelli			
Rubinetti			
Saro			

Tenere premuto CTRL e fare clic per selezionare più risorse

Assegna · Rimuovi · Sostituisci... · Grafico · Chiudi · ?

Project calcola subito l'Unità 100% perché glielo avevamo detto prima ma, cosa importante, il costo della risorsa, pari a €. 200,00, dato dall'importo della tariffa giornaliera dell'operaio (€. 100,00) moltiplicato per la durata dell'attività, 2 giorni.

Nella finestra in questione possiamo anche apportare tutte le modifiche necessarie cliccando su Sostituisci o su Elimina risorsa se la volessimo eliminare.

Clicchiamo su Sostituisci.

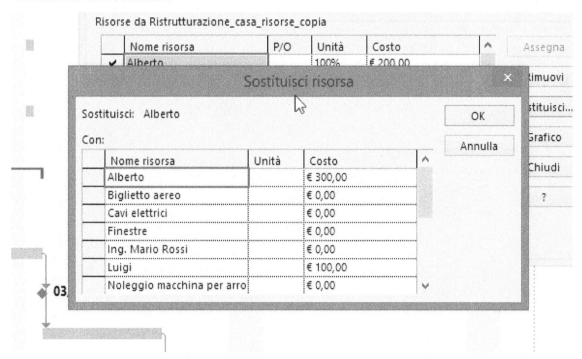

Finestra Assegna risorse 5

Si apre la finestra Sostituisci risorsa.

Clicchiamo sull'operaio Luigi che svolgerà questa attività al posto di Alberto.

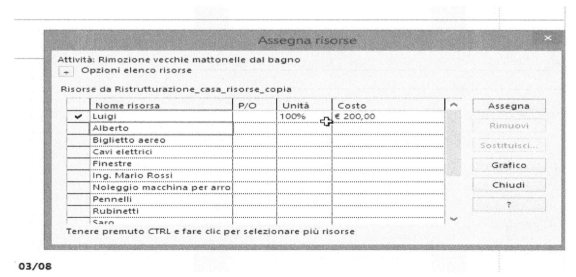

Finestra Assegna risorse 6

Come si vede, ora Luigi è assegnato all'attività.

Cliccando, poi, due volte sul nome di Luigi, sempre nella finestra Assegna Risorse, si apre la finestra Informazioni risorsa, che avevamo già visto.

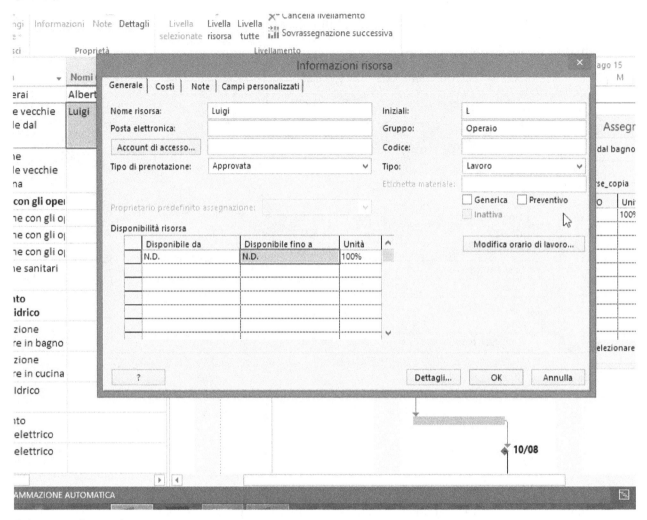

Informazioni Risorsa 1

Qui possiamo indicare altri dati, ad esempio, nella Scheda costi, una tariffa straordinaria per la risorsa, senza riaprire la Scheda Elenco risorse.

Assegniamo, adesso, al progetto, delle risorse costo.

Dobbiamo avere una riunione con l'Ingegnere che si occupa dei dettagli tecnici ed amministrativi del nostro progetto, per cui, sempre con la Finestra Assegna risorse aperta, selezioniamo l'attività 27 "Riunione con l'Ingegnere", assegniamo la risorsa Ingegnere e, come risorsa costo, il biglietto aereo dell'Ingegnere che viene da un'altra città.

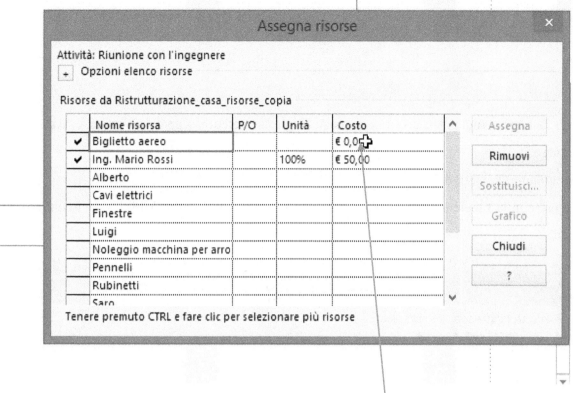

Risorse costo 1

Cliccando sul nome del Biglietto aereo non appare nessun importo perché, come sopra detto, dobbiamo indicare noi gli importi per le risorse costo, qui scriviamo 78,00.

Diamo invio.

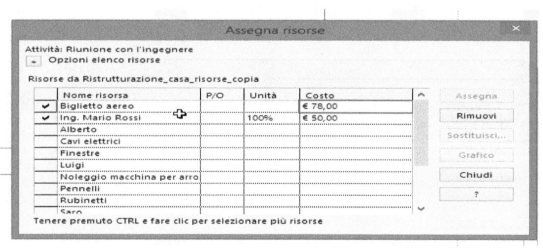

Risorse costo 2

Poi Chiudi.

25		Serrande		
26		Cancelli ferro		
27		Riunione con l'ingegnere	Ing. Mario Rossi; Biglietto aereo[€		Ing. Mario Rossi;Biglietto aereo[€ 78,00]

Risorse costo 3

Ecco la risorsa Ingegnere e la risorsa costo biglietto aereo assegnata all'attività "Riunione con l'ingegnere".

Assegniamo, adesso, delle risorse materiali.

Sempre con la Finestra Assegna risorse aperta, selezioniamo l'attività 13, "Rifacimento impianti elettrici".

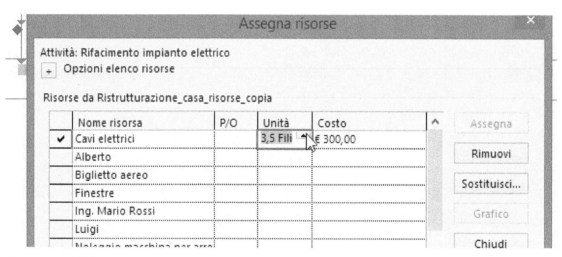

Risorse materiali 1

Sotto la colonna Unità possiamo inserire le quantità desiderate per le quali Project calcola il relativo   prezzo.

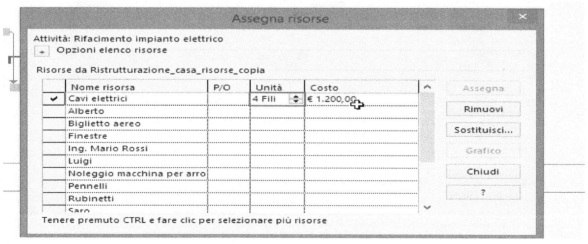

Risorse materiali 2

Per modificare rapidamente l'elenco risorse, una volta compilato, così come per modificarlo, si può ricorrere alla visualizzazione Dettagli, molto comoda specie quando le risorse sono tante.

Modifica Elenco risorse 1

In Visualizzazione risorse mettiamo il segno di spunta sopra Dettagli.

Modifica Elenco risorse 2

Si ottiene la doppia visualizzazione della finestra:

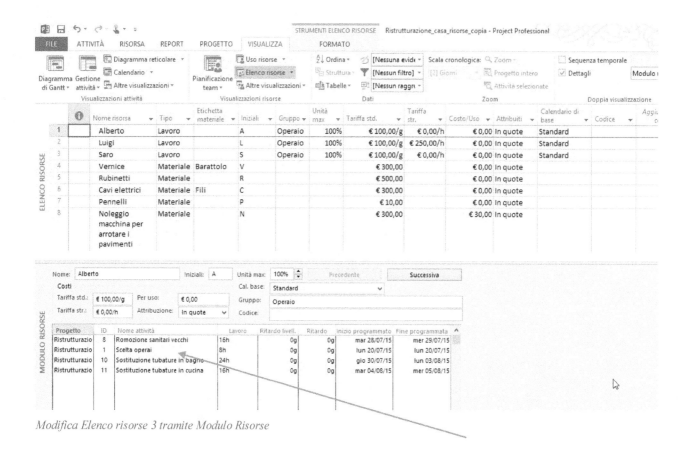

Modifica Elenco risorse 3 tramite Modulo Risorse

Nella parte superiore l'Elenco Risorse, nella parte inferiore il Modulo risorse dove è possibile apportare tutti i cambiamenti necessari. Il Modulo indica, anche, tutte le attività nelle quali è impegnata la risorsa considerata, le ore di lavoro, le date di inizio e di fine delle singole attività.

Sezione 2: I costi

I costi fissi e variabili.

Si sono analizzati, nella precedente sezione, le risorse costo, tuttavia potrebbe verificarsi la necessità di tenere traccia di **costi che rimangono costanti indipendentemente dalla durata dell'attività o dalla quantità di lavoro svolto dalla risorsa e che sono sostenuti una sola volta**.

Si parla, in questi casi, di **costi fissi**.

Ne sono esempio:

- I costi relativi al permesso di costruire;
- Il biglietto aereo per far venire una delle risorse (che deve dipingere la parete), bloccata per uno sciopero dei treni (qui il costo si sostiene una volta sola).

Si tratta di costi relativi alle attività e non alle risorse, alle quali non possono mai essere associati. I costi fissi possono essere attribuiti:

- All'Inizio, in questo caso l'intero costo fisso è programmato per l'inizio dell'attività, vale a dire il costo risulta sostenuto non appena si indica come iniziata l'attività alla quale si riferisce;

- Alla Fine, in questo caso l'intero costo risulta sostenuto al completamento dell'attività;

- In quote, in questo caso il costo è distribuito in maniera equa per tutta la durata dell'attività per cui, se un'attività, con costo fisso di €. 100,00, è completata al 75%, il progetto ha sostenuto un costo fisso di €. 75,00.

Quanto ai **costi variabili**, invece, può verificarsi il caso in cui le tariffe Standard e Straordinarie di una risorsa, non siano sufficienti in virtù delle lavorazioni che questa risorsa è chiamata a svolgere, vuoi per il livello di competenza che occorre sia posseduto (nel caso delle persone), o perché si richiedono materiali con particolari qualità oppure perché si registrano variazioni delle tariffe per accordi sindacali o variazioni dei prezzi in particolari periodi dell'anno.

Vediamo Project 2013 all'opera.

Assegnare e modificare i costi fissi e variabili.

Per quanto si riferisce ai costi fissi, a differenza delle altre risorse, questi si inseriscono facendo clic sulla Scheda Visualizza, nel Gruppo Dati, clic su Tabelle e si sceglie la tabella Costo.

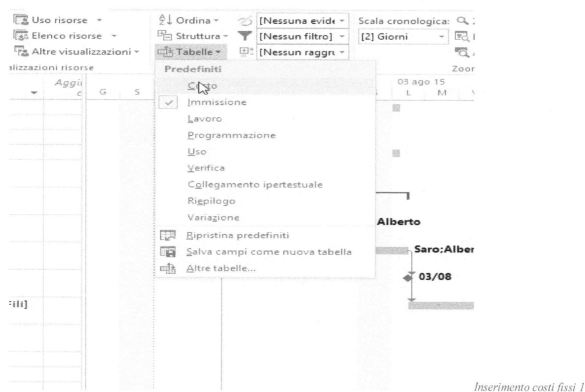

Inserimento costi fissi 1

Qualora non dovesse vedersi la colonna Costi fissi, porre il mouse sopra il bordo che separa il Diagramma di Gantt dall'ultima colonna visibile e, quando assume la forma di una croce a 4 punte, spostare il mouse verso destra.

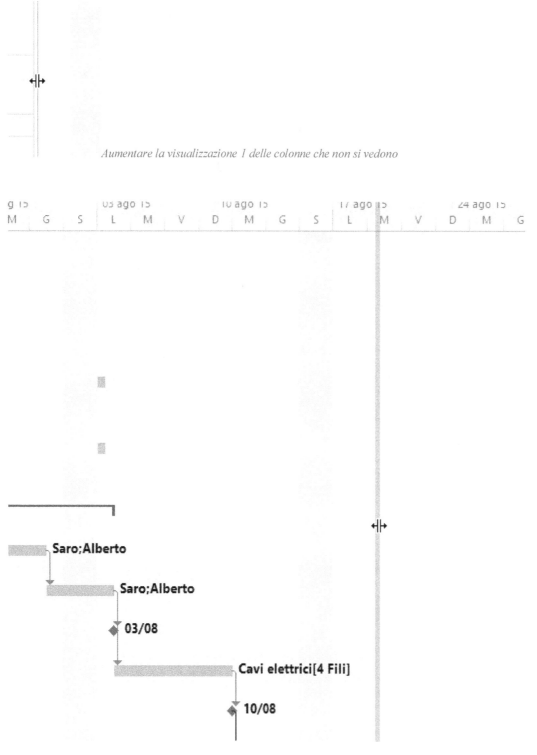

Aumentare la visualizzazione 1 delle colonne che non si vedono

Aumentare la visualizzazione 2

Appare così la colonna Costi fissi.

Nome attività	Costi fissi	Attribuzione costi fissi	Costo totale	Previsione	Variazione	Effettivo	Rimanente
1 Scelta operai	€ 0,00	In quote	€ 300,00	€ 0,00	€ 300,00	€ 0,00	€ 300,00
2 Rimozione vecchie mattonelle dal bagno	€ 0,00	In quote	€ 200,00	€ 0,00	€ 200,00	€ 0,00	€ 200,00
3 Romozione mattonelle vecchie dalla cucina	€ 0,00	In quote	€ 300,00	€ 0,00	€ 300,00	€ 0,00	€ 300,00
4 ⊿ Riunione con gli oper	€ 150,00	In quote	€ 150,00	€ 0,00	€ 150,00	€ 0,00	€ 150,00
5 Riunione con gli o	€ 0,00	In quote	€ 0,00	€ 0,00	€ 0,00	€ 0,00	€ 0,00
6 Riunione con gli o	€ 0,00	In quote	€ 0,00	€ 0,00	€ 0,00	€ 0,00	€ 0,00
7 Riunione con gli o	€ 0,00	In quote	€ 0,00	€ 0,00	€ 0,00	€ 0,00	€ 0,00
8 Romozione sanitari vecchi	€ 0,00	In quote	€ 0,00	€ 0,00	€ 0,00	€ 0,00	€ 0,00
9 ⊿ Rifacimento impianto idrico	€ 0,00	In quote	€ 1.000,00	€ 0,00	€ 1.000,00	€ 0,00	€ 1.000,00
10 Sostituzione tubature in bagno	€ 0,00	In quote	€ 600,00	€ 0,00	€ 600,00	€ 0,00	€ 600,00
11 Sostituzione tubature in cucina	€ 0,00	In quote	€ 400,00	€ 0,00	€ 400,00	€ 0,00	€ 400,00
12 Impianto idrico concluso	€ 0,00	In quote	€ 0,00	€ 0,00	€ 0,00	€ 0,00	€ 0,00
13 Rifacimento impianto elettrico	€ 0,00	In quote	€ 1.200,00	€ 0,00	€ 1.200,00	€ 0,00	€ 1.200,00
14 Impianto elettrico concluso	€ 0,00	In quote	€ 0,00	€ 0,00	€ 0,00	€ 0,00	€ 0,00

Inserimento costi fissi 2

Prendiamo l'attività 9, "Rifacimento impianto idrico" e attribuiamo un costo fisso di €. 150,00, legato ad alcuni permessi.

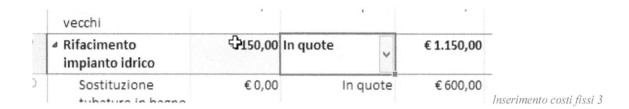

Inserimento costi fissi 3

Lasciamo come attribuzione In quote, in quanto si tratta di costi sostenuti prima di iniziare l'attività per cui ci interessa che siano contabilizzati da Project quando inizia la prima attività.

Per ritornare alla visualizzazione Diagramma di Gantt, è sufficiente cliccare nuovamente su Tabelle, Gruppo dati, e scegliere Immissione.

Diagramma di Gantt 1

Quanto alla necessità di modificarne i dati, si procede cliccando nuovamente sulla Tabella Immissione.

Dopo aver inserito i costi del progetto, è possibile esaminare il costo totale anche al fine di valutare eventuali sforamenti rispetto al budget.

Si può agire o tramite la tabella Costo, a cui si accede dalla Scheda Visualizza, Gruppo Dati, Tabella Costo in differenti visualizzazioni:

1) Se interessano i costi totali delle attività, in Visualizzazione Elenco attività.

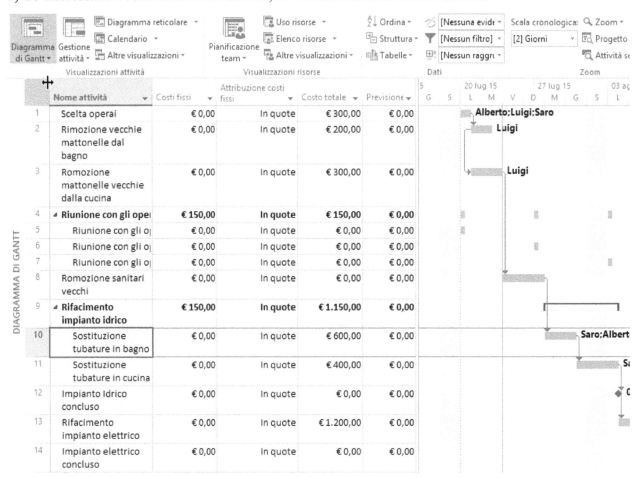

Costi del progetto 1 Visualizzazione Elenco Attività

2) Se, invece, si vogliono esaminare i costi totali delle risorse, in Visualizzazione Elenco risorse.

	Nome risorsa	Costo	Costo previsto	Variazione	Costo effettivo	Rimanente	giungi nuova colon
1	Alberto	€ 600,00	€ 0,00	€ 600,00	€ 0,00	€ 600,00	
2	Luigi	€ 600,00	€ 0,00	€ 600,00	€ 0,00	€ 600,00	
3	Saro	€ 600,00	€ 0,00	€ 600,00	€ 0,00	€ 600,00	
4	Vernice	€ 0,00	€ 0,00	€ 0,00	€ 0,00	€ 0,00	
5	Rubinetti	€ 0,00	€ 0,00	€ 0,00	€ 0,00	€ 0,00	
6	Cavi elettrici	€ 1.200,00	€ 0,00	€ 1.200,00	€ 0,00	€ 1.200,00	
7	Pennelli	€ 100,00	€ 0,00	€ 100,00	€ 0,00	€ 100,00	
8	Noleggio macchina per arrotare i pavimenti	€ 0,00	€ 0,00	€ 0,00	€ 0,00	€ 0,00	
9	Ing. Mario Rossi	€ 50,00	€ 0,00	€ 50,00	€ 0,00	€ 50,00	
10	Finestre	€ 3.300,00	€ 0,00	€ 3.300,00	€ 0,00	€ 3.300,00	
11	Serrande	€ 1.800,00	€ 0,00	€ 1.800,00	€ 0,00	€ 1.800,00	
12	Biglietto aereo	€ 78,00	€ 0,00	€ 78,00	€ 0,00	€ 78,00	
13	Trasporto materiali alla discarica	€ 0,00	€ 0,00	€ 0,00	€ 0,00	€ 0,00	
14	Trasporto acquisto merci	€ 0,00	€ 0,00	€ 0,00	€ 0,00	€ 0,00	
15	Serrande	€ 0,00	€ 0,00	€ 0,00	€ 0,00	€ 0,00	

Costi del progetto 2: Visualizzazione Elenco Risorse

Per avere, infine, dei dati sui costi totali dell'intero progetto:

- Si fare clic sulla scheda Progetto e scegliere Riepilogo Informazioni.

Costi totali del Progetto 1

- Nella finestra di dialogo fare clic su Statistiche

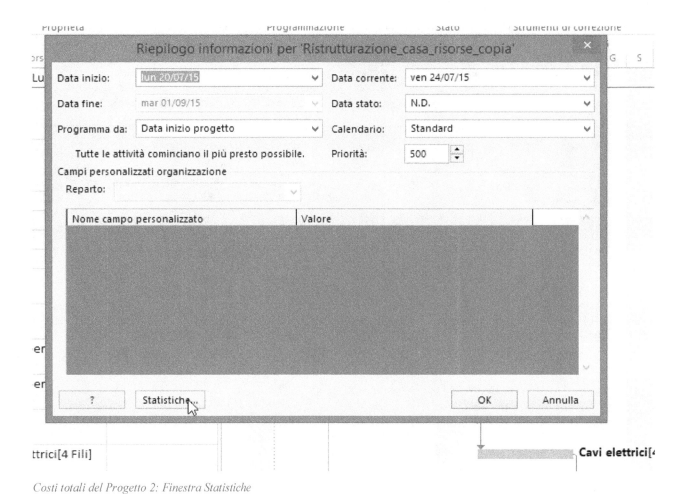

Costi totali del Progetto 2: Finestra Statistiche

• Appare la Finestra di dialogo "Statistiche del progetto" di riferimento con un'indicazione dei costi sino a quel momento sostenuti(1), la data di inizio (2) e fine del progetto (3), il quantitativo di ore di lavoro (4) e la Durata (5).

Statistiche del progetto 'Ristrutturazione_casa_risorse_copia'

	Inizio	Fine
Corrente	lun 20/07/15	mar 01/09/15
Previsione	N.D.	N.D.
Effettivo	N.D.	N.D.
Variazione	0g	0g

	Durata	Lavoro	Costo
Corrente	32g?	152h	€ 8.728,00
Previsione	0g	0h	€ 0,00
Effettivo	0g	0h	€ 0,00
Rimanente	32g?	152h	€ 8.728,00

% completamento:

Durata: 0%   Lavoro: 0%

Chiudi

Finestra Statistiche 1

226

Quanto ai costi variabili, infine, vediamo come procedere.

Ipotizziamo, nel nostro progetto, l'attività "Pittura salone" che, per le sue particolarità, richiede l'intervento della risorsa "Luigi", pittore. Inoltre, il fornitore di materiali ci ha reso noto che il costo della vernice, dal 1° settembre costerà il 20% in più.

Ipotizziamo che la data di inizio sia il 2 settembre, quando Luigi è libero dalle altre attività.

Prima di assegnare Luigi, modifichiamo le tariffe per questa risorsa.

Apriamo la Visualizzazione Elenco risorse e selezioniamo "Luigi"; doppio clic sul nome, o clic con il tasto destro del mouse, o evidenziamo il nome e poi apriamo la Scheda Risorse, Gruppo Proprietà per accedere, in tutti e tre i casi, alla Finestra Informazioni.

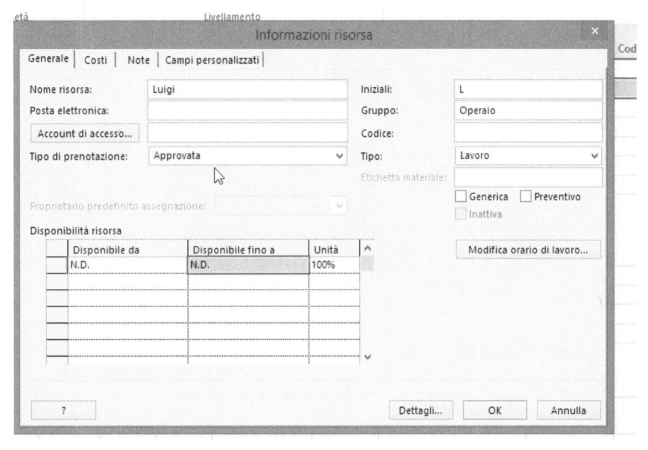

I costi variabili 1

Si apre la Finestra "Informazioni risorsa" dove, nella Scheda Costi, possiamo apportare le modifiche che interessano.

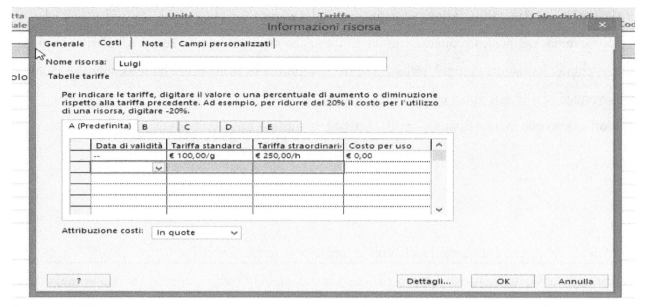

I costi variabili 2

Nella colonna A (Predefinita), indichiamo il periodo di validità delle nuove tariffe, scegliendo il 2 settembre.

I costi variabili 3

Poi indichiamo i nuovi valori di Tariffa Standard e Straordinaria.

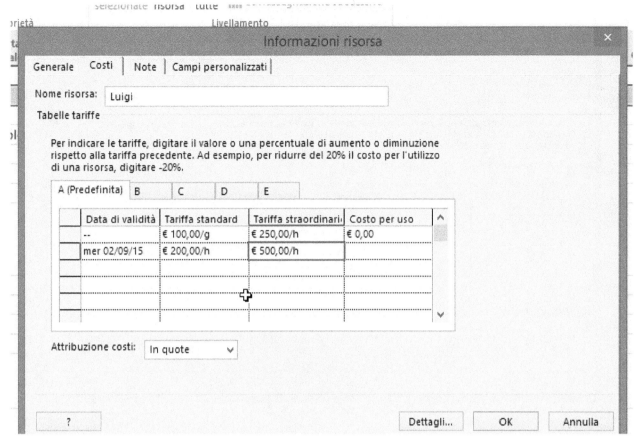

I costi variabili 4

Diamo ok.

Adesso inseriamo nuove tariffe per la risorsa materiale vernice che sappiamo aumentare a far data dal 1° settembre 2015.

Riapriamo la Finestra "Informazioni risorsa", relativamente alla risorsa vernice, in uno dei modi sopra indicati.

Qui indichiamo il periodo di validità dell'aumento, il 1° settembre 2015 e, sotto la colonna Tariffa standard, digitiamo "+ 20%" e diamo Invio o Tab".

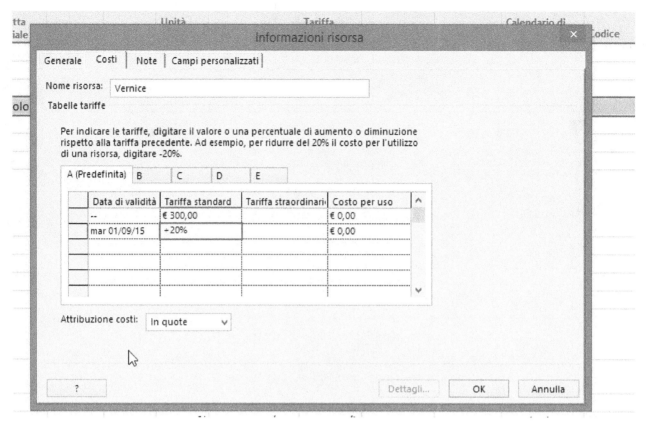

I costi variabili 5

Project calcola subito la nuova tariffa dal primo settembre anche se, per l'attività, avrà decorrenza dal 2 settembre.

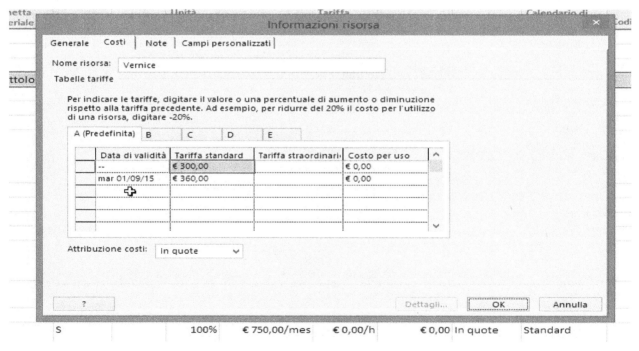

I costi variabili 6

Diamo ok.

Assegniamo, poi, la risorsa "vernice" all'attività.

Vediamo che risulta 1 solo barattolo.

Facciamo doppio clic sul nome risorse e si apre la finestra "Informazioni attività" dove, nella Scheda Risorse, sono riportate le risorse di quell'attività.

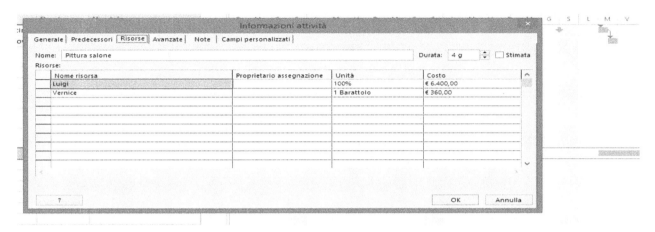

I costi variabili 7

Portiamo a 10 il numero di barattoli della vernice per la pittura del salone e diamo ok.

Riaprendo la finestra Informazioni, possiamo vedere l'importo aggiornato.

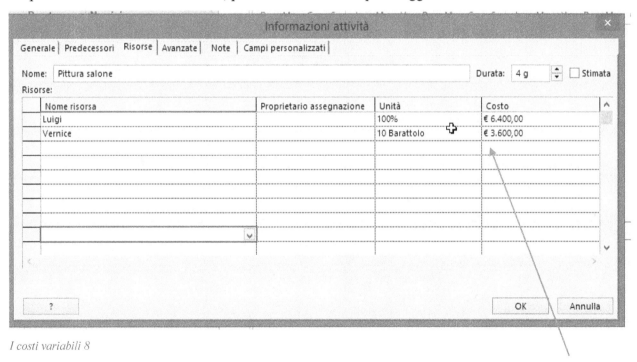

I costi variabili 8

Quando avrà inizio l'attività di "Pittura salone", Project calcolerà le nuove tariffe per le risorse "Luigi" e "Vernice".

1) Le risorse in Project: tipi e definizione

2) Apri l'elenco risorse (relativamente al progetto del precedente capitolo), ed inserisci le seguenti risorse:

      a. Pc per prove risorsa materiale, €. 1.000,00

      b. Ing. Bianchi, risorsa lavoro, €. 2.000,00 al mese

      c. Ing. Rossi, risorsa lavoro, €. 2.000,00 al mese

      d. Biglietto viaggio treno, risorsa costo

3) Assegna le risorse in questione a tutte le attività, tranne il pc alla prima attività e la risorsa costo

4) Che cosa si intende per "assegnazione di una risorsa"?

5) Che cosa si intende per Costi per Uso o Costi/Uso?

6) Apri la finestra Informazioni risorsa relativamente alla risorsa Ing. Rossi e modifica la Tariffa Standard prevedendo un aumento del 20% della Tariffa standard a partire da una data a scelta

7) Per impostazione predefinita, Project che Unità massima di lavoro attribuisce alle risorse?

8) Che cosa si intende per formula della programmazione?

9) La programmazione delle attività, in Project, è basata sulle risorse?

10) Che cosa si intende per attività:

      a. Ad Unità fisse

      b. A Durata fissa   c. A lavoro fisso

11) Cosa succede se, ad un'attività ad unità fisse, si aumentano le risorse?

12) Se l'attività è programmata sulle risorse ed è a lavoro fisso, cosa succede se aumentano le risorse?

13) Come si può agire in caso di risorsa sovrassegnata?

14) Creare altre due risorse lavoro, Ing. Verde e Ing. Neri, Tariffa standard €. 2.000,00 ed assegnali alle attività tramite il pulsante Assegna risorsa, accettando la terza opzione

15) Assegna le risorse costo per €. 55,00 agli Ing. Bianchi e Neri

16) Inserisci costi fissi per €. 300,00 all'attività "Studi scientifici"

17) Apri la Visualizzazione Modulo risorsa e poi torna alla Visualizzazione Diagramma di Gantt

18) Nozione di costi variabili

19) Visualizza i costi totali del progetto

Obiettivi del capitolo

Questo capitolo si concentra sui controlli del progetto attraverso:

- L'individuazione del percorso critico;

- Le previsioni o baseline;

- L'analisi dello stato di avanzamento del progetto, anche attraverso la riprogrammazione delle attività non completate o completate parzialmente;

- Le operazioni di ordinamento sulle colonne costituenti la tabella del progetto.

Una volta che il progetto è iniziato, è importante che il Project Manager controlli sistematicamente che tutto vada come programmato, per intervenire qualora ostacoli, imprevisti, ritardi, minaccino di non raggiungere, o raggiungere in ritardo gli obiettivi di progetto.

In altre parole, il Manager di progetto deve costantemente accertare che tutto proceda seconda la "Tabella di marcia" stabilita all'inizio della fase di pianificazione.

Gli ostacoli a cui si può trovar di fronte il Project Manager sono:

- Merce difettosa;
- Persone che lasciano le attività prima di portarle a termine;
- Scioperi;
- Fattori naturali (allagamenti, incendi);
- Modifiche nelle leggi che richiedono requisiti ulteriori.

Il Project Manager, certamente, non può prevedere tutto, ma è chiaro che con una buona preparazione e programmazione riesce a far fronte alla maggior parte dei rischi, che occorre considerare come parte integrante di tutti i progetti; si potrebbe parlare di una sorta di costo fisso.

A titolo di esempio, si possono calcolare più risorse di quelle che necessarie, per sostituire quelle persone che lasciano il progetto.

Per quanto si riferisce alle risorse materiali, poi, sarebbe consigliabile far acquistare più merce a titolo di scorte sia per fronteggiare eventuali scioperi nei trasporti che danneggiamenti alle merci stessi per disastri naturali (magari facendo sistemare le scorte in luoghi diversi).

Centrale, poi, è la costante comunicazione con i soggetti interessati al piano di progetto, tramite riunioni periodiche, rapporti aggiornati.

Chi, meglio dei soggetti interessati o *stakeholders*, ha diritto ad essere interpellata in caso di ostacoli?

Vediamo come con Project 2013.

Le prime due azioni che occorre fare sono:

- Individuare le attività critiche
- Impostare una previsione del progetto o Baseline.

Analizziamo in questo paragrafo le attività critiche mentre, per quanto si riferisce alla Baseline, si rimanda al prossimo paragrafo.

Per **attività critiche** ci si riferisce a quelle **attività il cui ritardo comporta uno slittamento di altre attività e dell'intero progetto**, attività che, per loro natura, sono poste su quello che viene definito il **percorso critico del progetto**, vale a dire **tutte quelle attività fra di loro collegate il cui ritardo determina la mancata realizzazione del progetto nei tempi previsti.**

In Project 2013 le attività critiche si individuano in diversi modi:

1) Nella Scheda Formato, Gruppo Stile barre, si mette il Flag in Attività critiche.

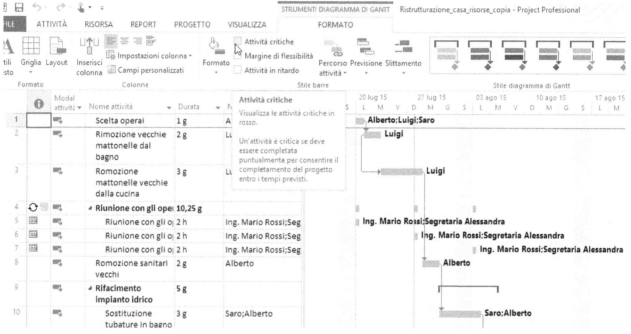

Attività critiche 1

Come si può vedere, le attività critiche, sul diagramma di Gantt, da blu sono evidenziate in rosso.

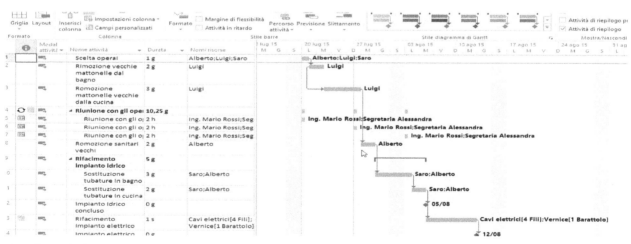

Attività critiche 2

E ciò rispetto alle altre non critiche, che rimangono sempre in blu.

		Nome	Durata		
16		Rasatura pareti	3 g		
17		Verniciatura	3 g	Pennelli[10]	
18		Asciugatura pareti	2 gt		
19		Apposizione mattonelle in bagno	4 g		
20		Apposizione mattonelle in cucina	2 g		
21		Nuovi sanitari	2 g		
22		Impianto gas cucina	1 g		
23		Arrivo cucina nuova	1 g		
24		Sostituzione finestre	2 g	Finestre[6]	Finestre[6]
25		Serrande	5 g	Serrande[6]	Serrande[6]
26		Cancelli ferro	2 g		
27		Riunione con l'ingegnere	2 g	Ing. Mario Rossi[50% Biglietto aereo[€ 78,	Ing. Mario Rossi[50%];Biglietto aereo[€ 78,00]
28		Costruzione rispostiglio	5 g	Ettore;Giordano	Ettore;Giordano
29		Costruzione sopnalco	5 g	Ettore;Giordano	Ettore;Giordano

Attività critiche 3

2) In alternativa si può operare nella Scheda Visualizza, Gruppo dati e, in Evidenziazione, scegliere attività critiche.

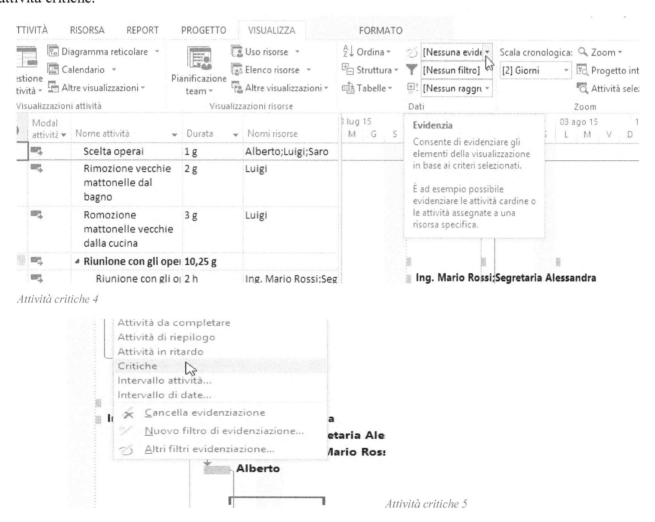

Attività critiche 4

Attività critiche 5

Ciò si riflette sulla Tabella del nostro progetto in quanto, come si può vedere, le attività sul percorso critico sono evidenziate in giallo.

Modal attività ▼	Nome attività ▼	Durata ▼	Nomi risorse
⟳	Scelta operai	1 g	Alberto;Luigi;Saro
⟳	Rimozione vecchie mattonelle dal bagno	2 g	Luigi
⟳	Romozione mattonelle vecchie dalla cucina	3 g	Luigi
⟳	⊿ Riunione con gli ope	10,25 g	
⟳	Riunione con gli o|	2 h	Ing. Mario Rossi;Seg
⟳	Riunione con gli o|	2 h	Ing. Mario Rossi;Seg
⟳	Riunione con gli o|	2 h	Ing. Mario Rossi;Seg
⟳	Romozione sanitari vecchi	2 g	Alberto
⟳	⊿ Rifacimento impianto idrico	5 g	
⟳	Sostituzione tubature in bagno	3 g	Saro;Alberto
⟳	Sostituzione tubature in cucina	2 g	Saro;Alberto
⟳	Impianto Idrico concluso	0 g	
⟳	Rifacimento impianto elettrico	1 s	Cavi elettrici[4 Fili]; Vernice[1 Barattolo]
⟳	Impianto elettrico concluso	0 g	

Attività critiche 6

3) Infine, sempre nel Gruppo Dati della Scheda visualizza, si possono filtrare le attività critiche cliccando su Filtro e scegliendo Critiche.

Attività critiche 7

Come si può vedere, Project mostra solo le attività critiche nascondendo le altre.

	ⓘ	Modal attività ▾	Nome attività ▾	Durata ▾	Nomi risorse
1			Scelta operai	1 g	Alberto;Luigi;Saro
2			Rimozione vecchie mattonelle dal bagno	2 g	Luigi
3			Romozione mattonelle vecchie dalla cucina	3 g	Luigi
8			Romozione sanitari vecchi	2 g	Alberto
9			⊿ **Rifacimento impianto idrico**	5 g	
10			Sostituzione tubature in bagno	3 g	Saro;Alberto
11			Sostituzione tubature in cucina	2 g	Saro;Alberto
13			Rifacimento impianto elettrico	1 s	Cavi elettrici[4 Fili]; Vernice[1 Barattolo]
14			Impianto elettrico concluso	0 g	
15			Stuccatura pareti	3 g	Attilio;Patrizio
16			Rasatura pareti	3 g	
17			Verniciatura	3 g	Pennelli[10]
18			Asciugatura pareti	2 gt	
21			Nuovi sanitari	2 g	
22			Impianto gas cucina	1 g	

Attività critiche 8

240

Alcune attività, ad esempio dalla 4 alla 7, non sono mostrate perché non considerate critiche il cui ritardo, vale a dire, non incide sulla data di ultimazione del progetto.

Ciò si verifica, in genere, per quelle attività che non hanno vincoli di sorta per cui, se compiute in ritardo, il progetto non ne risente.

Queste attività, infatti, hanno **un margine di flessibilità** che permette loro di essere **compiute anche oltre la data di scadenza**.

Per evidenziarle anche graficamente, con Project si deve andare in Scheda Formati, Gruppo Stile barre, e mettere il segno di spunta a Margine di flessibilità.

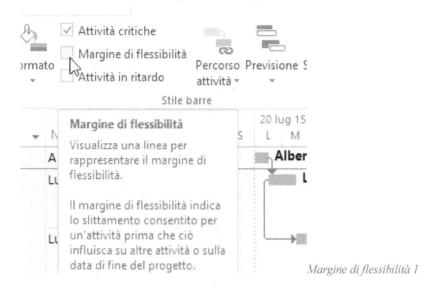

Margine di flessibilità 1

Come si vede sul Diagramma di Gantt, le attività che hanno un margine di flessibilità sono rappresentate da delle linee blu orizzontali.

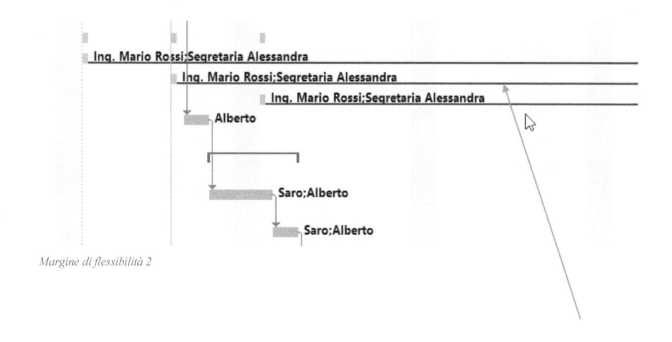

Margine di flessibilità 2

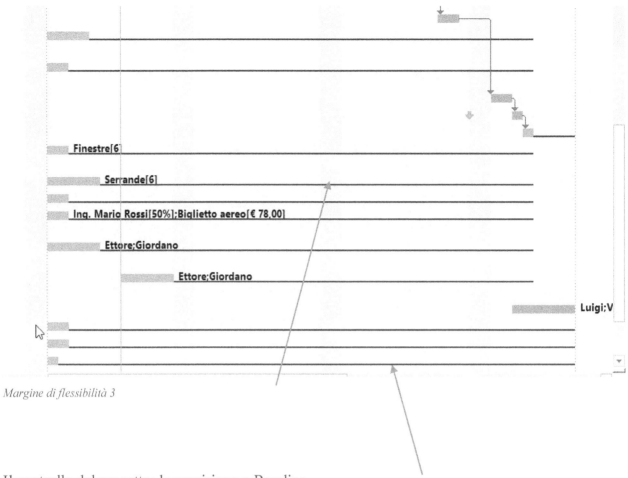

Finestre[6]

Serrande[6]

Ing. Mario Rossi[50%];Biglietto aereo[€ 78,00]

Ettore;Giordano

Ettore;Giordano

Luigi;V

Margine di flessibilità 3

Il controllo del progetto: la previsione o Baseline.

La **previsione** o **Baseline** è **un'istantanea del progetto, una fotografia che viene fatta al progetto originario, appena terminata la pianificazione**, tale che il Manager di progetto possa controllare gli **eventuali scostamenti del progetto reale da quanto pianificato**.

La previsione comprende:

- La data di inizio e la data di fine programmate;
- Le attività e le assegnazioni delle risorse;
- I costi pianificati.

Project consente di impostare sino a 11 previsioni.

Si procede in questo modo.

Sulla scheda Progetto, Gruppo Programmazione, si clicca su Imposta previsione.

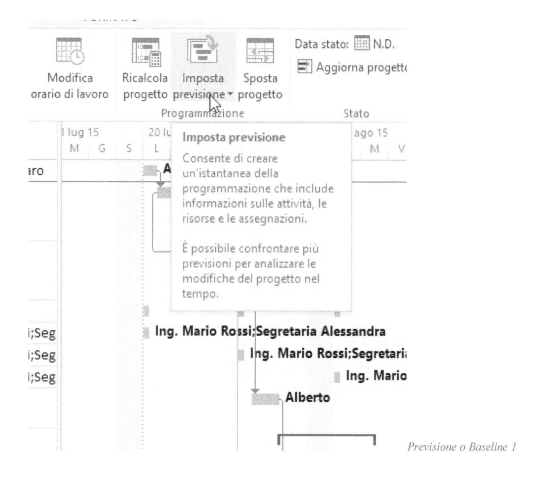

Previsione o Baseline 1

Si apre una finestra che ci consente di impostare una previsione o cancellarne una già impostata.

Previsione o Baseline 2

Clicchiamo su imposta previsione.

Si apre la seguente finestra dove possiamo indicare le scelte di interesse.

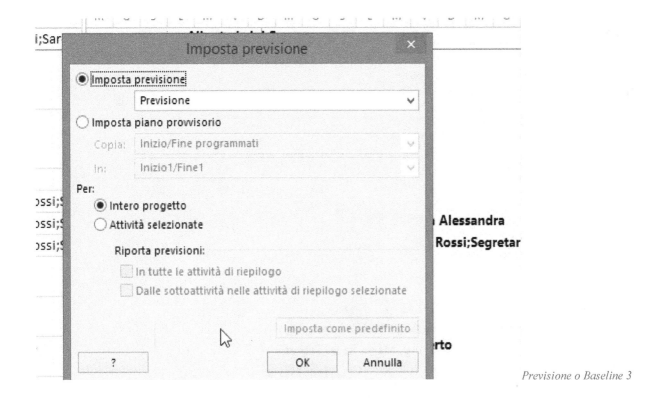

Previsione o Baseline 3

Come sopra detto si possono impostare sino a 11 previsioni.

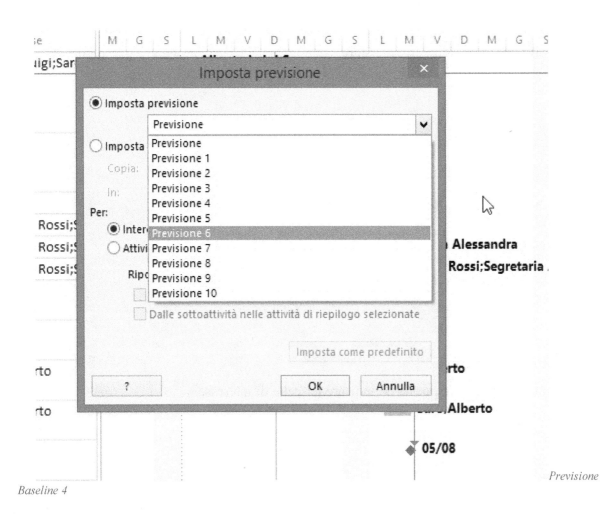

Previsione o

Baseline 4

Si possono impostare previsioni per l'intero progetto o per attività selezionate, o cliccare sul punto "?" per aprire la Guida di Project in caso di dubbi.

Diamo ok. La previsione viene salvata nel progetto.

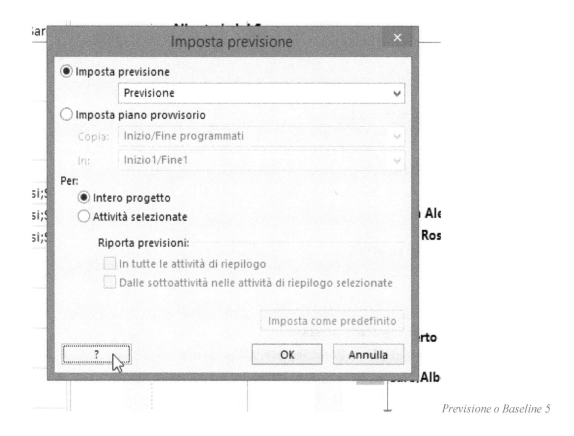

Previsione o Baseline 5

Per analizzare gli eventuali scostamenti rispetto alla previsione, abbiamo due possibilità.

1) Clicchiamo sulla scheda Formato, Gruppo Stile barre, clic sul pulsante Previsione con la freccia a punta rivolta verso il basso.

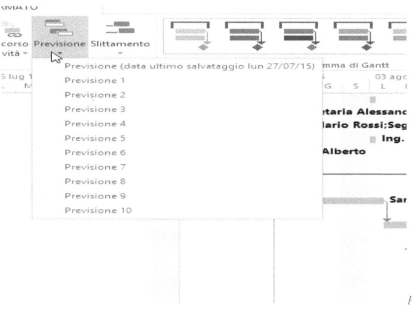

Previsione o Baseline 6

Clicchiamo su Previsione (data ultimo salvataggio lunedì 27/07/2015).

Sul Diagramma di Gantt, sotto le barre celesti che indicando la durata delle attività, compaiono delle barre grigie relative alla previsione di progetto alla data del salvataggio dalla previsione, rispetto alle quali è possibile valutare eventuali discostamenti.

Allo stato attuale sembrerebbe di no.

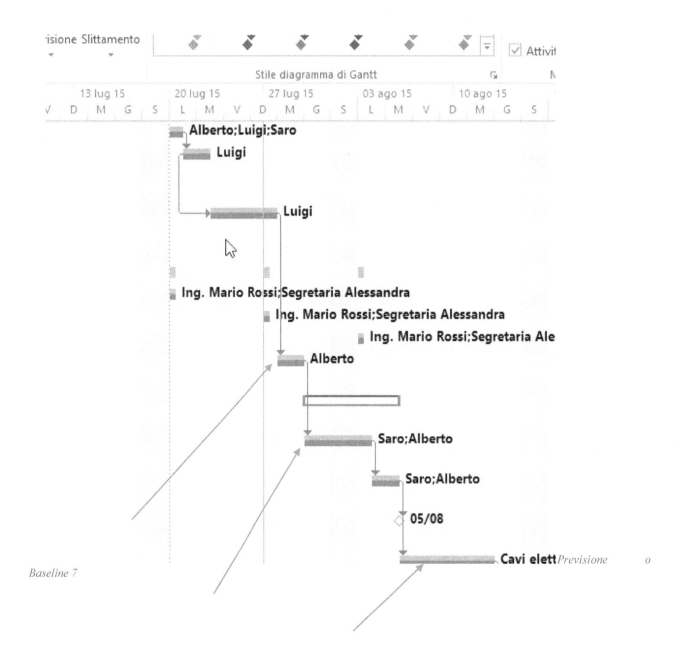

Baseline 7

2) Un altro modo per vedere la previsione è quello di cliccare con il tasto destro del mouse sul Diagramma di Gantt.

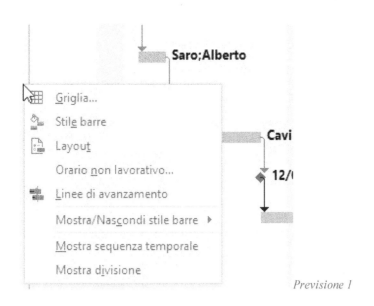

Previsione 1

Andare sul comando Mostra/Nascondi Stile barre e qui scegliere Previsione.

Previsione 2

Previsione 3

3) Infine, in Scheda Visualizza, Gruppo dati, scegliamo nelle Tabelle Lavoro.

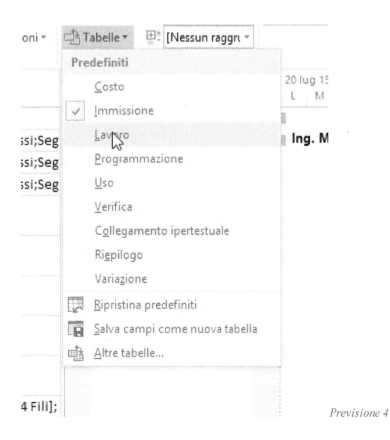

Previsione 4

Si apre la Visualizzazione che ci consente di fare un confronto tra i dati Lavoro, Previsione e Variazione.

		Nome attività	Lavoro	Previsione	Variazione	Effettivo	S	06 l. L
1		Scelta operai	24 h	24 h	0 h	0 h		
2		Rimozione vecchie mattonelle dal bagno	16 h	16 h	0 h	0 h		
3		Romozione mattonelle vecchie dalla cucina	24 h	24 h	0 h	0 h		
4	◢	**Riunione con gli operai**	**12 h**	**12 h**	**0 h**	**0 h**		
5		Riunione con gli ope	4 h	4 h	0 h	0 h		
6		Riunione con gli ope	4 h	4 h	0 h	0 h		
7		Riunione con gli ope	4 h	4 h	0 h	0 h		
8		Romozione sanitari vecchi	16 h	16 h	0 h	0 h		
9	◢	**Rifacimento impianto idrico**	**80 h**	**80 h**	0 h	**0 h**		
10		Sostituzione tubature in bagno	48 h	48 h	0 h	0 h		
11		Sostituzione tubature in cucina	32 h	32 h	0 h	0 h		
12		Impianto Idrico concluso	0 h	0 h	0 h	0 h		
13		Rifacimento impianto elettrico	0 h	0 h	0 h	0 h		
14		Impianto elettrico concluso	0 h	0 h	0 h	0 h		

Diagramma di Gantt ▾ | Gestione attività ▾ | 🖳 Altre visualizzazioni ▾ | Pianificazione team ▾ | 🖳 Altre visualizzazioni ▾ | 🖳 Tabel

Visualizzazioni attività | Visualizzazioni risorse

DIAGRAMMA DI GANTT

Previsione 5

Consideriamo, ad esempio, l'attività 13, "Rifacimento impianto elettrico". Ipotizziamo che, invece di una settimana, ne occorrano 4.

			concluso		
13		⇥	Rifacimento impianto elettrico	1 s	Cavi elettrici[4 Fili]; Vernice[1 Barattolo]
14		⇥	Impianto elettrico	0 g	

Previsione 6

Digitiamo 4 nella colonna durata in concomitanza dell'attività in questione.

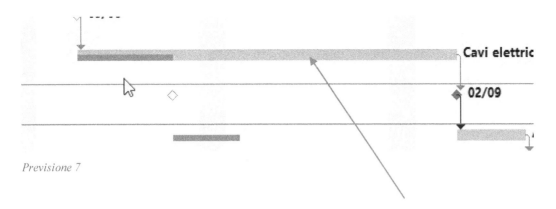

Previsione 7

Come possiamo vedere sul Diagramma di Gantt, la barra di color celeste si è allungata essendo aumentata la durata mentre quella di color grigio della previsione no.

Ciò offre la possibilità di notare visivamente lo scostamento del progetto dalla sua previsione originaria.

Per cancellare una previsione, invece, come visto prima, occorre aprire la Scheda Progetto, nel Gruppo Programmazione scegliere Previsione e cliccare su Cancella Previsione.

Se vogliamo, invece, solo nascondere la previsione, si può:

Nella Scheda Formato cliccare sul Previsione e qui cliccare su quella che si era salvata per prima;

Cliccare con il tasto destro del mouse sul Diagramma di Gantt, qui scegliere Mostra/Nascondi Stile barre e cliccare sulla previsione salvata da ultimo.

ATTENZIONE!

Fare quindi attenzione in sede di esame alla domanda, vale a dire se si richiede di cancellare o nascondere la previsione perché si tratta di due cose diverse, la cancellazione rimuove definitivamente, nascondere, invece, no.

Analisi ed azioni sullo stato di avanzamento del progetto.

Una volta che il progetto si è avviato, e mano a mano che procede, occorre informare Project dei progressi delle attività.

Occupiamoci di indicare le attività completate e, di quelle non completate, indicare lo stato di avanzamento.

Abbiamo diverse possibilità.

1) Selezioniamo una o più delle attività che ci interessano

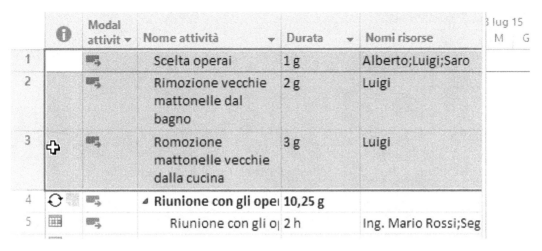

	ⓘ	Modal attività ▾	Nome attività ▾	Durata ▾	Nomi risorse
1		🖳	Scelta operai	1 g	Alberto;Luigi;Saro
2		🖳	Rimozione vecchie mattonelle dal bagno	2 g	Luigi
3	✚	🖳	Romozione mattonelle vecchie dalla cucina	3 g	Luigi
4	↻ 🖳	🖳	◢ Riunione con gli oper	10,25 g	
5	▦	🖳	Riunione con gli o|	2 h	Ing. Mario Rossi;Seg

Percentuale di completamento 1

Clicchiamo poi, nella Scheda Attività, Gruppo Programmazione, su uno dei 5 tasti a forma di barra con sotto delle percentuali.

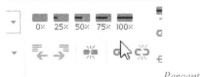

Percentuale di completamento 2

Scegliamo, ad esempio, il 100%, per indicare che le attività sono state completate.

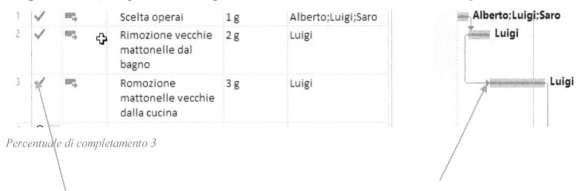

Percentuale di completamento 3

Come si può notare, accanto alle attività, sulla Tabella, nella colonna Indicatori è apparso un simbolo che indica attività completata.

Lo stesso simbolo non appare quando si indica una percentuale diversa dal 100%.

			finestre				
25		🖳	Serrande	5 g	Serrande[6]		Serrande[6]
26		🖳	Cancelli ferro	2 g			

Percentuale di completamento 4

Qui, infatti, l'attività è stata completata solo al 75%.

Gli stessi tasti si aprono cliccando con il tasto destro sull'attività ed aprendo il menu a tendina che appare.

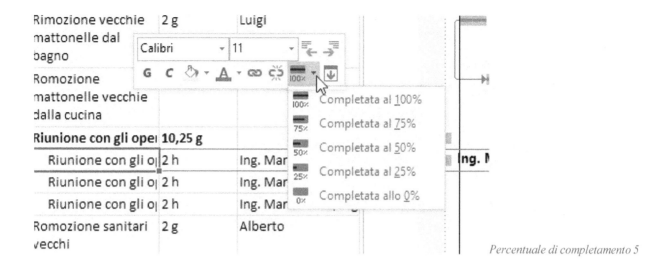

Percentuale di completamento 5

2) In alternativa possiamo cliccare con il tasto destro sull'attività di interesse o cliccare due volte consecutive o, selezionata l'attività, aprile la finestra Informazioni, Scheda Attività, Gruppo Proprietà.

Si apre la Finestra Informazioni dove, nella Scheda generale, possiamo indicare la percentuale di completamento dell'attività.

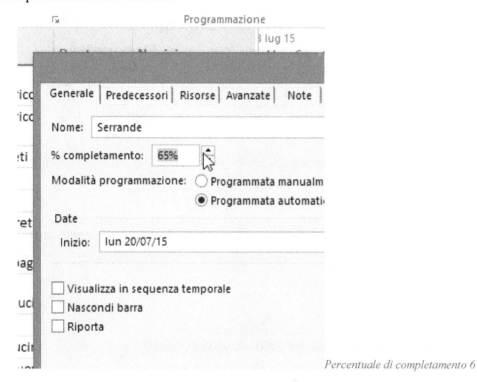

Percentuale di completamento 6

3) Infine, evidenziamo l'attività che ci interessa, poi nella Scheda Attività, Gruppo Programmazione, clicchiamo su "Contrassegna come puntuale".

Percentuale di completamento 7

Qui clicchiamo su Aggiorna attività.

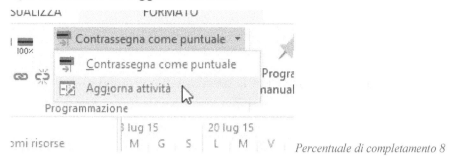

Percentuale di completamento 8

Si apre la Finestra Aggiorna attività dove possiamo indicare la percentuale di completamento dell'attività.

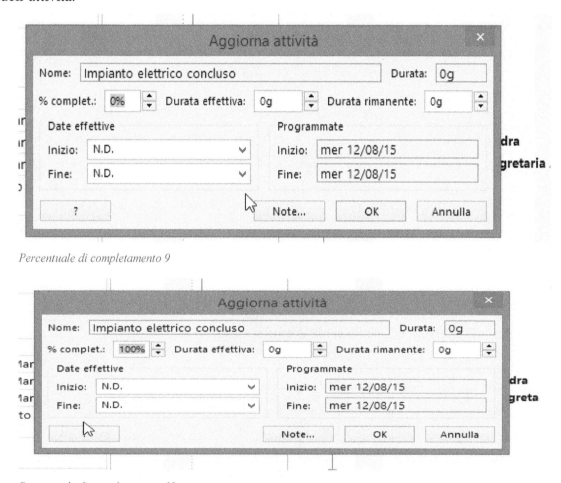

Percentuale di completamento 9

Percentuale di completamento 10

Abbiamo visto, nel paragrafo sui vincoli che, invece di limitare la programmazione con i vincoli rigidi alle attività (vale a dire, Deve iniziare il o Deve finire il), è meglio assegnare alle attività delle date di scadenza, ed è ciò che si è fatto per l'attività 22, "Impianto Gas", per il quale è stata prevista la scadenza 28 agosto in quanto la cucina nuova arriva il 1° settembre.

Sul Diagramma di Gantt sappiamo che graficamente la presenza di una data di scadenza è rappresentata da una freccia verde con la punta rivolta verso il basso.

Data di scadenza 4

Guardando, però, la tabella, accanto all'attività 22, notiamo la presenza di un rombo rosso.

		Nuovi sanitari	2 g	
		Impianto gas cucina	1 g	
		Arrivo cucina nuova	1 g	

Data di scadenza 5

Cliccandoci sopra si nota che, per i vincoli impostati nei collegamenti con le altre attività, la scadenza non risulta rispettata.

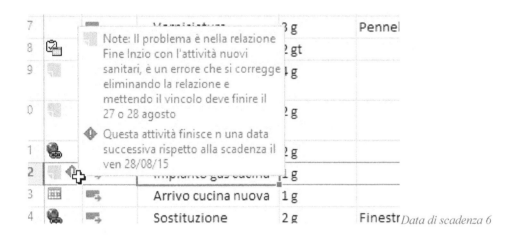

Data di scadenza 6

Ed infatti, sul Diagramma di Gantt, la freccia verde è spostata rispetto alla barra.

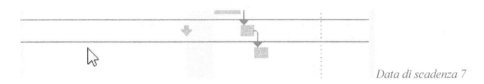

Data di scadenza 7

Possiamo risolvere il problema cambiando il tipo di relazione esistente con le attività predecessori della 22, la 18 "Asciugatura pareti" e 21 "Nuovi sanitari", da Fine-Inizio a Inizio-Inizio in entrambe le ipotesi.

Del resto, mentre si asciugano le pareti si può lavorare in cucina e, quanto ai sanitari, non occorre che tutti e tre gli operai si occupino del bagno.

Ed infatti, ora il simbolo rosso non c'è più.

Data di scadenza 8

I lavori all'impianto del gas terminano prima che arrivi la cucina.

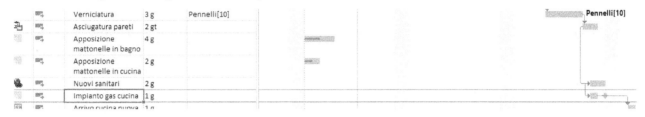

Data di scadenza 9

Per mostrare, infine, tramite una rappresentazione grafica, lo stato di avanzamento del progetto si può:

- Cliccare con il tasto destro del mouse sul Diagramma di Gantt e qui cliccare su Linee di avanzamento.

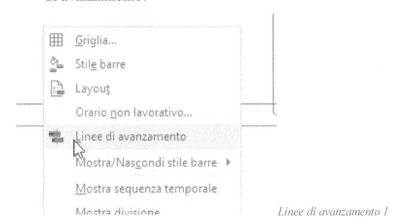

Linee di avanzamento 1

- Oppure si può cliccare su Scheda Formato, Gruppo Formato, cliccare su Griglia e qui su Linee di avanzamento

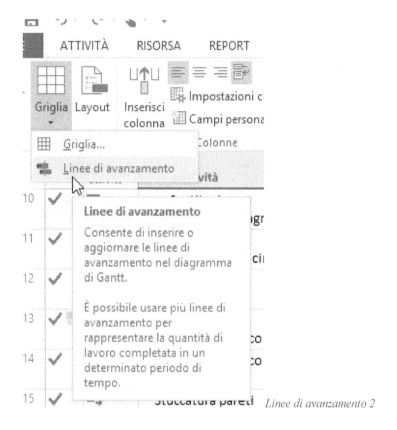

Linee di avanzamento 2

In entrambi i casi si apre la finestra Linee di avanzamento.

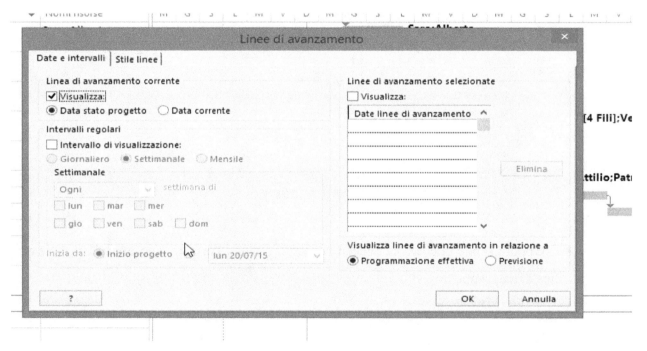

Linee di avanzamento 3

Qui si può stabilire di avere una visualizzazione alla data corrente o alla Data Stato progetto (che si imposta in Scheda Progetto, Gruppo Stato, Data Stato, qualora si voglia impostare un precisa data

Linee di avanzamento 4: Data Stato del progetto

Oppure si può optare per una visualizzazione alla data corrente in cui si precede.

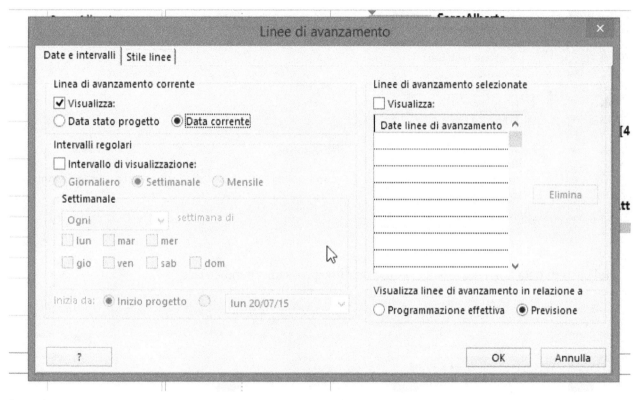

Linee di avanzamento 5

Impostando una precisa data, la linea di avanzamento considera la percentuale di avanzamento e completamento delle varie attività come una linea rossa a zig zag.

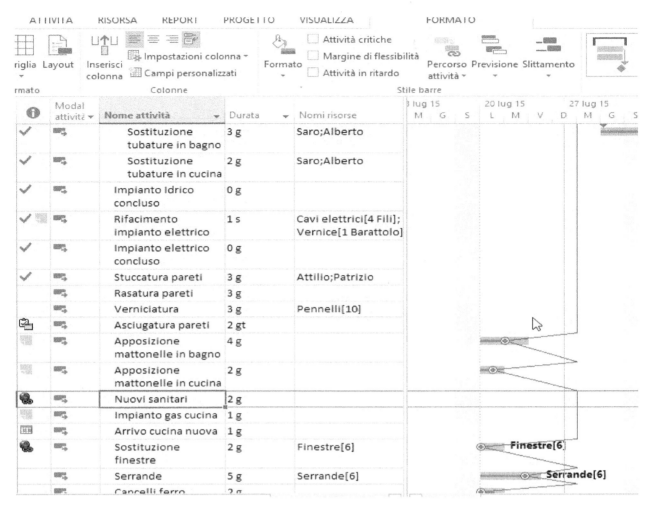

Linee di avanzamento 6: data stato

Nel caso di data corrente, invece, come una linea rossa perpendicolare.

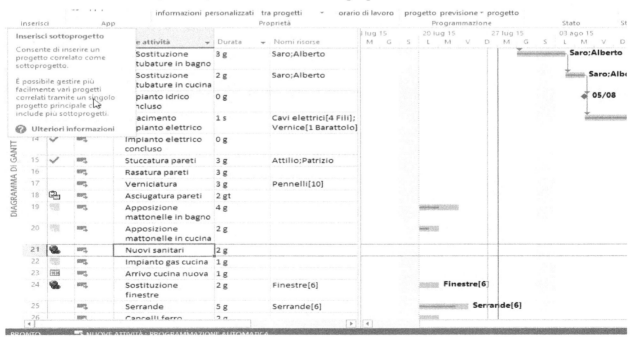

Linee di avanzamento 7: data corrente

Aggiornare l'avanzamento di un'attività.

Per aggiornare l'avanzamento di un'attività come sopra detto, oltre ad indicare la percentuale di completamento (0%, 25%, 50%, 75%, 100%), possiamo operare tramite la finestra Aggiorna attività, alla quale si accede tramite la Scheda Attività, Gruppo Programmazione, Contrassegna come puntuale.

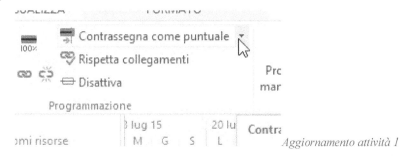

Aggiornamento attività 1

Qui si apre la Finestra Aggiorna Attività dove possiamo operare le nostre scelte.

Aggiornamento attività 2

Oltre alla percentuale di completamento, tramite Project si possono aggiornare quelle attività che, ad una determinata data non sono iniziate o, pur iniziate, si sa che non finiranno per quando inizialmente programmato.

In questo caso, nella Scheda Visualizza, Gruppo Dati, tabelle, scegliere Lavoro.

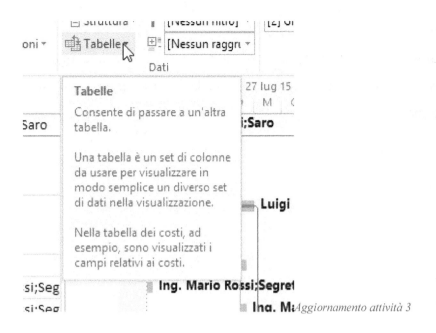

Aggiornamento attività 3

Aggiornamento attività 4

Qui, nel sotto la colonna rimanente dell'attività di riferimento, si può indicare il lavoro che occorre ancora portare a termine.

	Nome attività ▾	Lavoro ▾	Previsione ▾	Variazione ▾	Effettivo ▾	Rimanente ▾	%C	15 G
1	Scelta operai	24 h	0 h	24 h	24 h	0		
2	Rimozione vecchie mattonelle dal bagno	16 h	0 h	16 h	16 h	0 h		
3	Romozione mattonelle vecchie dalla cucina	24 h	0 h	24 h	24 h	0 h		
4	◢ **Riunione con gli operai**	**12 h**	**0 h**	**12 h**	**0 h**	**12 h**		
5	Riunione con gli ope	4 h	0 h	4 h	0 h	4 h		
6	Riunione con gli ope	4 h	0 h	4 h	0 h	4 h		
7	Riunione con gli ope	4 h	0 h	4 h	0 h	4 h		
8	Romozione sanitari vecchi	16 h	0 h	16 h	0 h	16 h		
9	◢ **Rifacimento impianto idrico**	**80 h**	**0 h**	**80 h**	**80 h**	**0 h**		
10	Sostituzione tubature in bagno	48 h	0 h	48 h	48 h	0 h		
11	Sostituzione tubature in cucina	32 h	0 h	32 h	32 h	0 h		
12	Impianto Idrico concluso	0 h	0 h	0 h	0 h	0 h		
13	Rifacimento impianto elettrico	0 h	0 h	0 h	0 h	0 h		
14	Impianto elettrico concluso	0 h	0 h	0 h	0 h	0 h		

Aggiornamento attività 5

ffettivo ▾	Rimanente ▾	% 15 c
24 h	0 h	
16 h	1 h	
24 h	0 h	
0 h	12 h	
0 h	4 h	
0 h	4 h	
0 h	4 h	
0 h	16 h	
80 h	5 h	
48 h	5 h	
32 h	0 h	
0 h	0 h	
0 h	0 h	
0 h	0 h	

Aggiornamento attività 6

Ordinamento e selezione di un'attività.

Quando il progetto è composto di molteplici attività, per visualizzare rapidamente quella di interessa si può operare tramite il pulsante Vai ad attività, Gruppo Modifica, Scheda Attività.

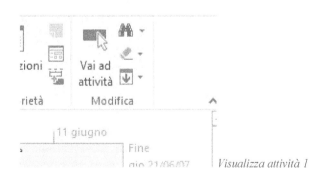

Visualizza attività 1

Ad esempio, vogliamo visualizzare sul Diagramma di Gantt l'attività 58 "Riepilogo situazione finanziaria preliminare"[xix].

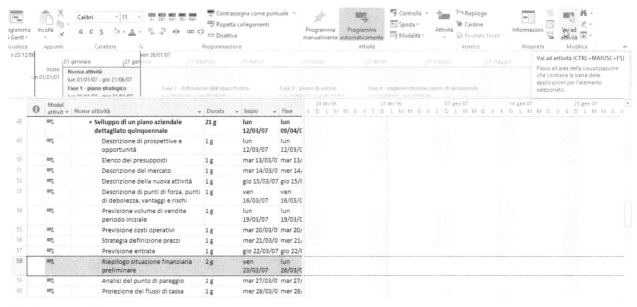

Visualizza attività 2

Con l'attività in questione selezionata, clicchiamo su Vai ad attività.

Visualizza attività 3

Come si può vedere dalla freccia, sul Diagramma di Gantt appare la barra relativa all'attività in questione.

In alternativa, possiamo cliccare il tasto F5 sulla tastiera.

Appare la Finestra Vai a dove possiamo indicare sia l'Id dell'attività che ci interessa che una specifica data.

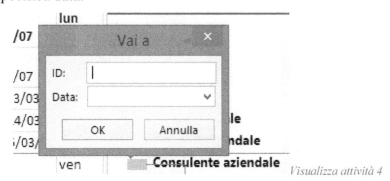

Visualizza attività 4

Visualizza attività 5

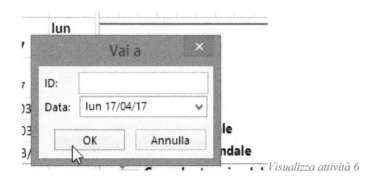

Visualizza attività 6

Sulle colonne della Tabella del Diagramma di Gantt si può, poi, operare per rendere più leggibile la tabella nascondendo alcune colonne, o inserendone altre i cui dati interessa mostrare ed analizzare.

E' sufficiente cliccare con il tasto destro del mouse sopra l'intestazione della colonna accanto alla quale interessa inserire la colonna (alla destra).

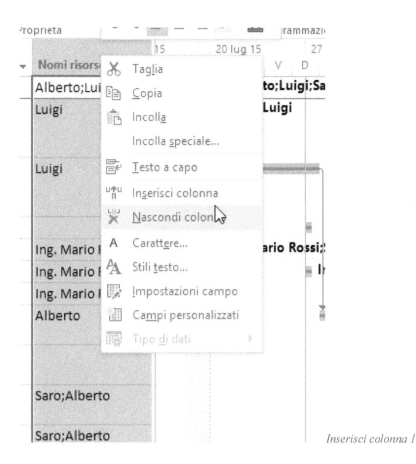

Inserisci colonna 1

Si apre un elenco a discesa dove possiamo scegliere i dati da mostrare

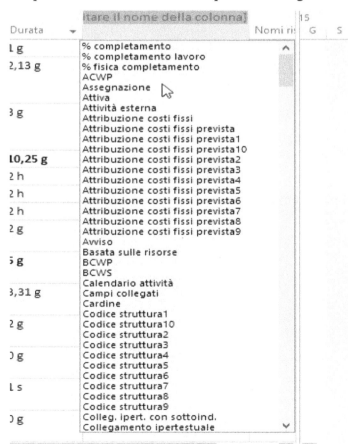

Inserisci colonna 2

Ad esempio percentuale di completamento.

	% completan ▼	Dur:
	100% ⇕	1 g
	100%	2,13
	100%	3 g
›el	**100%**	**10,2**
o|	100%	2 h
o|	100% ⊕	2 h
o|	100%	2 h
i	100%	2 g
	100%	**5 g**
›o	100%	3,31
›a	100%	2 g
	100%	0 g
	100%	1 s
	100%	0 g

Inserisci colonna 3

Analogamente possiamo nascondere una colonna, sempre cliccando con il tasto destro del mouse e scegliendo nascondi colonna.

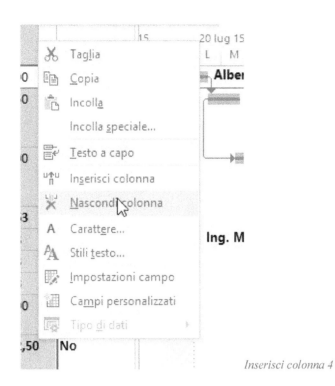

Inserisci colonna 4

Sempre cliccando con il tasto destro del mouse possiamo ordinare i dati in esame.

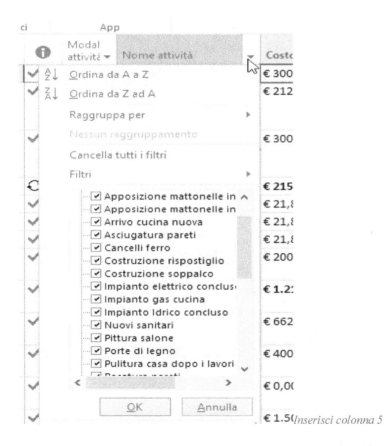

Inserisci colonna 5

Oppure possiamo andare su Scheda Visualizza, Gruppo Dati, Ordina, scegliendo il parametro che ci interessa.

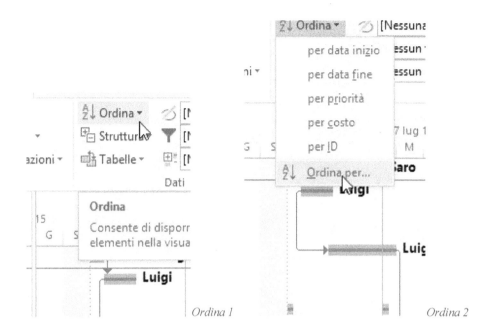

Ordina 1   *Ordina 2*

Si apre, infatti, la Finestra Ordina che consente di impostare sino a tre criteri di ordinamento.

Ordina 3

Si possono, poi, filtrare i dati qualora si voglia mostrare certi dati.

Ad esempio, sempre cliccando con il tasto destro del mouse sull'attività i cui valori interessa filtrare, possiamo scegliere i valori da mostrare.

Ordina 5

Ordina 4

Oppure, nella Scheda Visualizza, Gruppo Dati, sul simbolo dell'Imbuto, scegliamo il dato in base al quale filtrare.

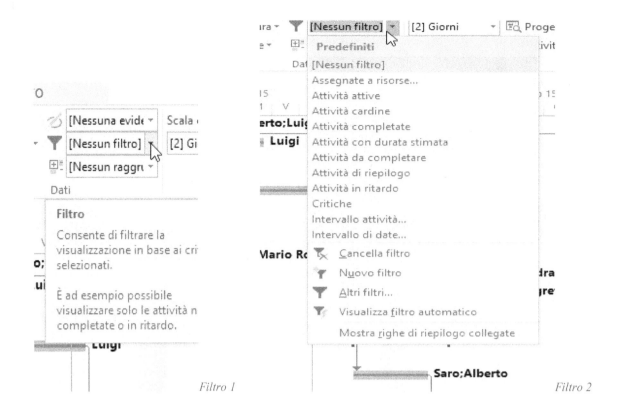

Filtro 1

Filtro 2

Ad esempio, su attività cardine, abbiamo questo risultato.

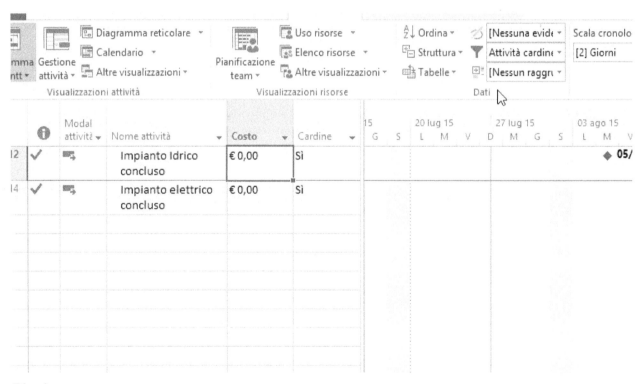

Filtro 3

Per rimuovere il filtro, ritorniamo su Filtro, Gruppo Dati, Scheda Visualizza, e clicchiamo su Nessun Filtro.

Filtro 4

Oltre a filtrare le attività, si possono effettuare operazioni di Raggruppamento che consentono anche di visualizzare valori di riepilogo.

In questo caso occorre selezionare la Scheda Visualizza, Gruppo Dati, comando Raggruppa.

Raggruppa 1

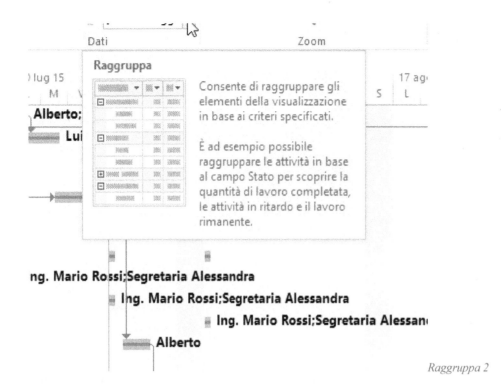

Raggruppa 2

Scegliamo, ad esempio, di raggruppare tramite le attività critiche.

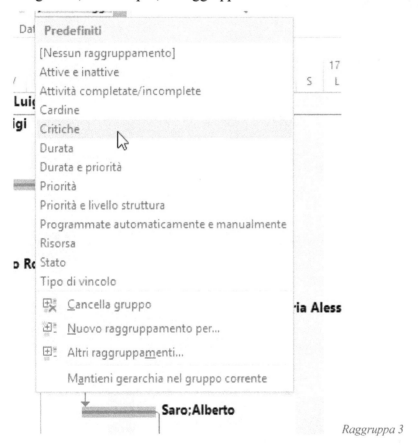

Raggruppa 3

Il progetto si presenta così.

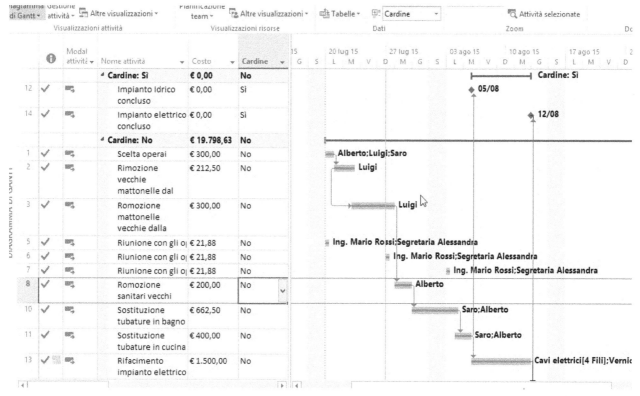

Raggruppa 4

Ripianificare un'attività incompleta.

Nel caso si voglia riprogrammare le attività come completate sino ad una data o, in alternativa, dopo un'interruzione, riprendere la programmazione a far data da un preciso momento, si deve agire sulla Scheda Progetto, Gruppo Progetto, Aggiorna Progetto.

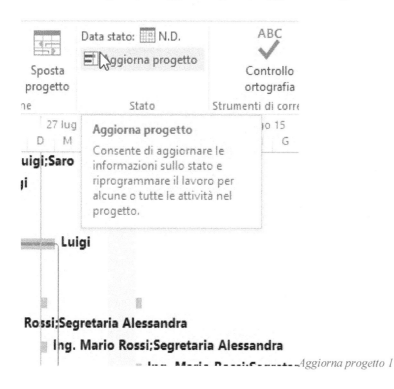

Aggiorna progetto 1

Si apre la Finestra Aggiorna progetto dove si possono indicare le attività completate

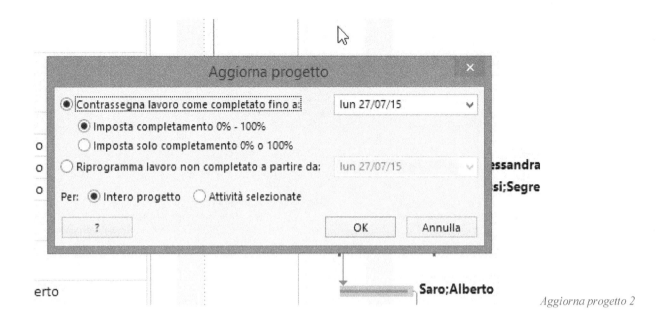

Aggiorna progetto 2

Quelle completate sino ad una determinata data.

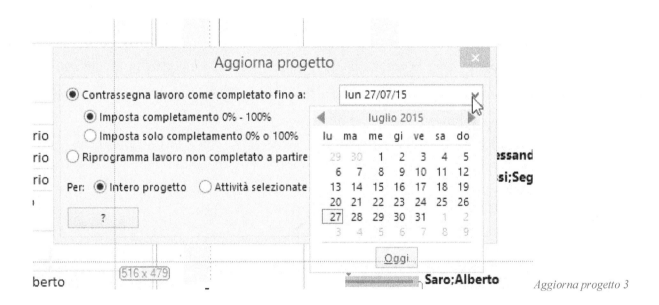

Aggiorna progetto 3

O riconsiderare la programmazione a partire da una determinata data.

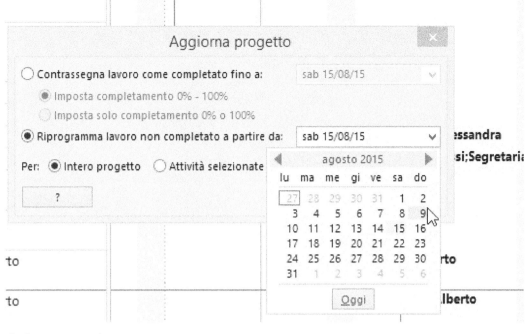

Aggiorna progetto 4

ATTENZIONE!

Fare attenzione in sede di esame alla domanda se richiesto di aggiornare una determinata attività indicando la percentuale, o se si chiede di aggiornare l'intero progetto, per il quale occorre operare tramite la Finestra Aggiorna progetto.

Le Linee di avanzamento del progetto. Pianificazione corrente ed orizzonte di pianificazione.

La finestra Linee di avanzamento, alla quale si accede o con il clic destro del mouse sul Diagramma di Gantt, Linee di Avanzamento, o Scheda Formato, Gruppo Formato, Griglia, Linee di Avanzamento, ci consente di optare per ulteriori visualizzazioni dell'avanzamento del progetto.

Ad esempio possiamo avere una visualizzazione a livello di previsione.

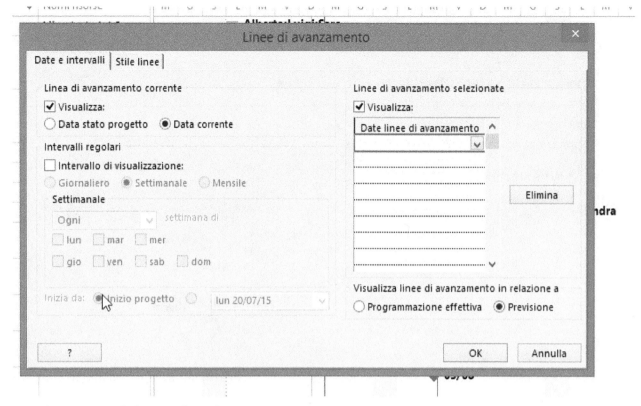

Linee di avanzamento 8. Orizzonte di pianificazione

Ad una determinata data.

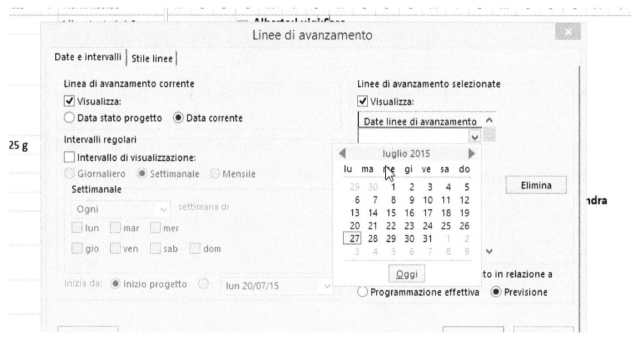

Linee di avanzamento 9: orizzonte di pianificazione

Ad un preciso intervallo di visualizzazione (giornaliero, settimanale, mensile), anche ai fini delle comunicazioni con i soggetti interessati.

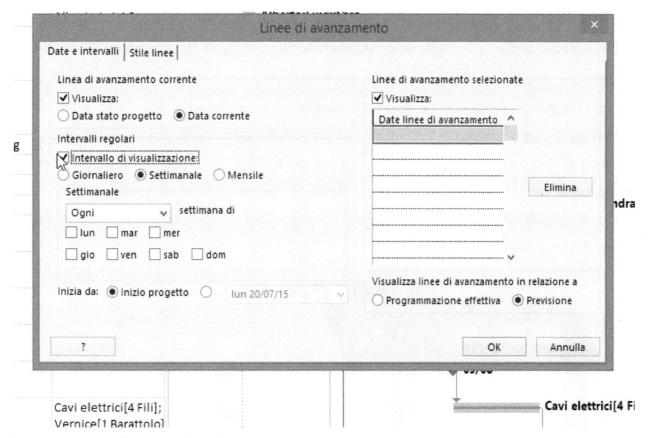

Linee di avanzamento 10: orizzonte di pianificazione

O iniziando anche ad una data precisa.

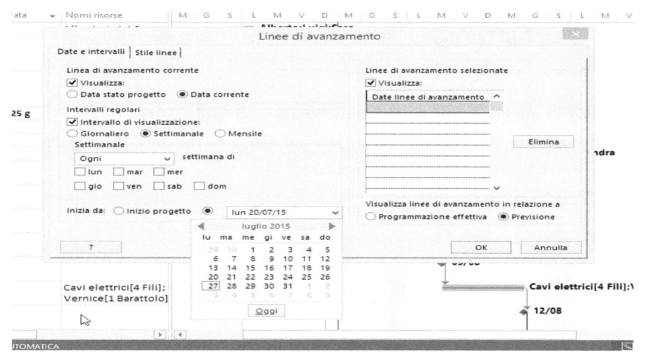

Linee di avanzamento 11: orizzonte di pianificazione

Per nascondere le visualizzazioni, è sufficiente riaprire la finestra Linee di avanzamento e deselezionare le caselle di controllo corrispondenti alle visualizzazioni che si vogliono nascondere.

Operazioni con i Diagrammi Reticolari

Con i Diagramma Reticolare, possiamo effettuare le stesse operazioni.

Apriamo il nostro progetto in Visualizzazione Diagramma Reticolare in uno dei modi appresi.

Vogliamo, ad esempio, impostare un collegamento tra l'attività "Riunione con gli operai" e "Rifacimento impianto idrico".

E' sufficiente tenere premuto il tasto sinistro del mouse, una volta selezionata la prima attività, e portare il mouse sulla seconda.

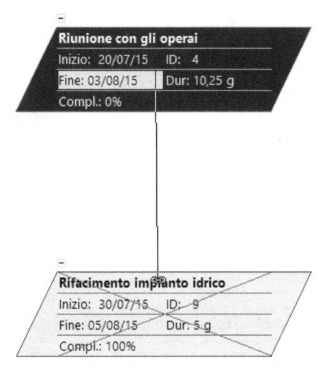

Operazioni Diagramma reticolare 1

Quando si è arrivati sulla seconda attività rilasciare il tasto sinistro del mouse.

Le due attività risultano collegate con una relazione Fine-Inizio che, come sappiamo, Project imposta di default salvo che non si facciano modifiche.

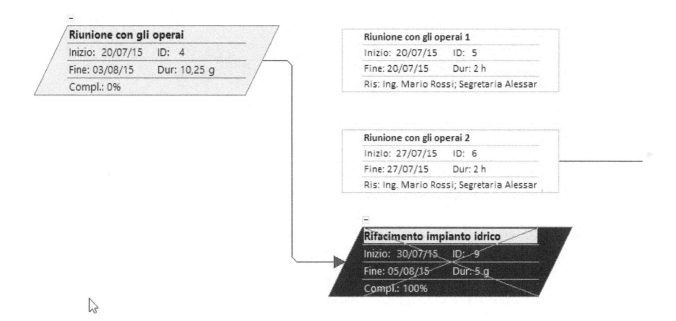

Operazioni Diagramma reticolare 2

E' sufficiente, infatti, cliccare due volte sulla linea che congiunge le due attività per aprire la Finestra "Relazioni attività".

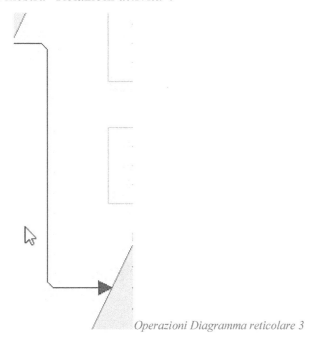

Operazioni Diagramma reticolare 3

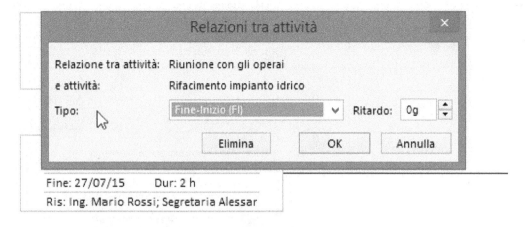

Operazioni Diagramma reticolare 4

Qui, oltre a modificare il tipo di relazione, si possono impostare ritardi ed anticipazioni.

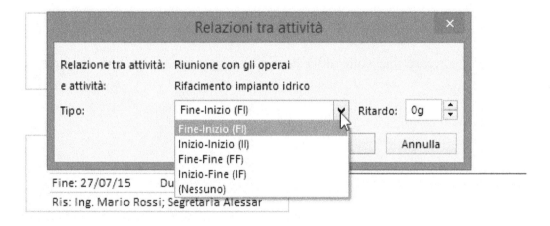

Operazioni Diagramma reticolare 5

In alternativa, di due attività che vogliamo collegare, selezioniamo la seconda e, nella Scheda Attività, Gruppo Programmazione, clicchiamo sul pulsante per impostare il rientro (La freccia verde rivolta verso destra), poi cliccare sulla prima attività e, tenendo premuto il mouse tasto sinistro, trasciniamo sulla seconda attività.

Per assegnare risorse alle attività, poi, selezionata quella che interessa, sempre in Visualizzazione Diagramma Reticolare, si clicca su Scheda Risorse, Assegna Risorse e si apre la Finestra Assegna risorse, già vista, dove possiamo scegliere la risorsa da assegnare.

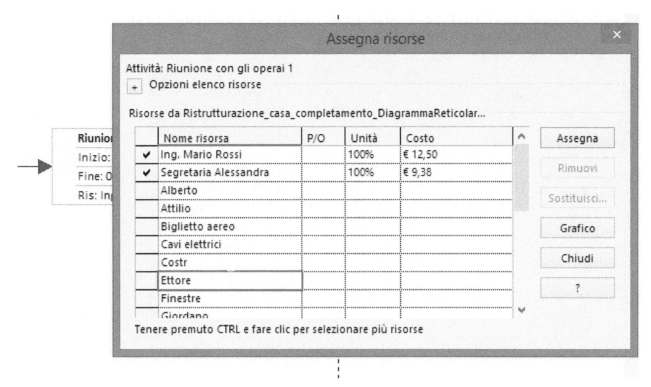

Operazioni Diagramma reticolare 6

Per indicare, infine, un'attività come completata o completata solo in una determinata percentuale, è sufficiente, una volta selezionata, andare su Scheda Attività, Gruppo Programmazione, e cliccare sulla percentuale che interessa.

Inizio: *Operazioni Diagramma reticolare 7*

Cliccando su 100%, ad esempio, sull'attività appare il segno di una grossa "x".

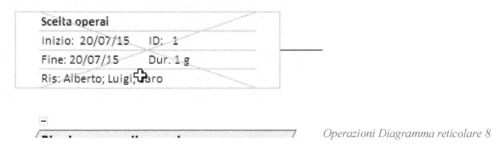

Operazioni Diagramma reticolare 8

Completata solo al 50%, ad esempio, solo una riga.

281

Riunione con gli operai

Inizio: 20/07/15   ID: 4

Fine: 03/08/15   Dur: 0,25 g

Compl.: 50%

Operazioni Diagramma reticolare 9

Esercitazioni

Prima parte

1) Nozione di percorso critico

2) Visualizza le attività critiche del progetto

3) Di che colore sono le barre di Gantt delle attività critiche?

4) Evidenzia le attività cardine

5) Imposta un filtro che consenta di vedere solo le attività critiche

6) Indica le attività con margine di flessibilità

7) Che cosa si intende per previsione o Baseline?

8) Imposta la previsione per il progetto

9) Fino a quante previsioni si possono impostare per un progetto?

10) Visualizza la previsione impostata

11) Nascondi la previsione operando sulle apposite barre

12) Apri la finestra di Project nella Visualizzazione che consente di effettuare un confronto fra i dati Lavoro, Previsione e Variazione

13) Torna alla Visualizzazione Diagramma di Gantt

Seconda parte

14) Indica le prime 3 attività come completate al 100%

15) Segna come completata la 5^ attività tramite Finestra Informazioni

16) Mostra lo Stato di avanzamento del progetto tramite le Linee di avanzamento alla data corrente

17) Aggiorna l'attività 6 come completata al 25% tramite tasto destro del mouse.

18) Inserisci la colonna % di completamento

19) Ordina le attività per % di completamento dalla meno completa

20) Ordina le attività per durata e % di completamento

21) Filtra le attività di modo da mostrare solo le attività cardine

22) Rimuovi i filtri

23) Salva il progetto

24) Aggiorna il progetto riprogrammandolo come non completato a partire da una data a scelta

25) Mostra le linee di avanzamento in relazione alla Previsione

26) Rimuovi i filtri

27) Apri il progetto in Visualizzazione Diagramma reticolare

28) Indica completate al 100% la 6^ attività "Applicazione del software nel cloud"

29) Elimina il collegamento tra la 5^ e la 6^ attività. Annulla, poi, quest'ultima operazione

30) Salva il progetto.

Obiettivi del capitolo

Questo capitolo ed il successivo si concentrano sulle attività volte a predisporre la documentazione del progetto, in particolar modo la stampa ed i reports, secondo i vari modelli messi a disposizione da Project 2013.

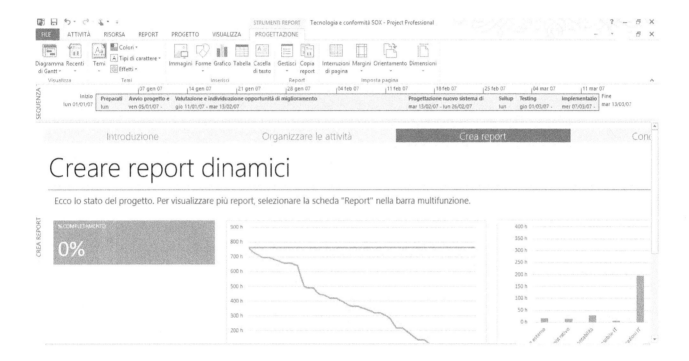

Reports.

Nell'ottica delle comunicazioni delle informazioni, si può operare tramite i Reports che offrono delle particolari visualizzazioni dei dati del progetto.

Si deve scegliere la Scheda Reports e qui operare le scelte desiderate.

Report 1

Clicchiamo su Dashboard, Informazioni generali costi.

Report 2

INFORMAZ. GENERALI COSTI

LUN 20/07/15 - LUN 07/09/15

COSTO

€ 20.098,63

COSTO RIMANENTE

€ 10.178,00

% COMPLETAMENTO

75%

STATO COSTI
Stato di costo per le attività di livello superiore.

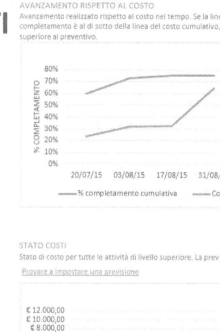

AVANZAMENTO RISPETTO AL COSTO
Avanzamento realizzato rispetto al costo nel tempo. Se la line
completamento è al di sotto della linea del costo cumulativo,
superiore al preventivo.

STATO COSTI
Stato di costo per tutte le attività di livello superiore. La prev

Provare a impostare una previsione

Report 3

Si ottiene un grafico con la rappresentazione dei costi sostenuti e della percentuale di completamento del progetto.

Scegliendo, invece, Informazioni Generali Costi Risorsa, si ha una panoramica dei costi delle risorse.

INFORMAZIONI GENERALI COSTO RISORSA

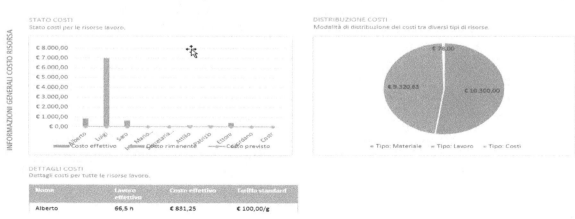

Report 4

Cliccando, poi, sui due grafici, si apre una Finestra di comandi che consente di intervenire modificando i dati e i colori dei grafici.

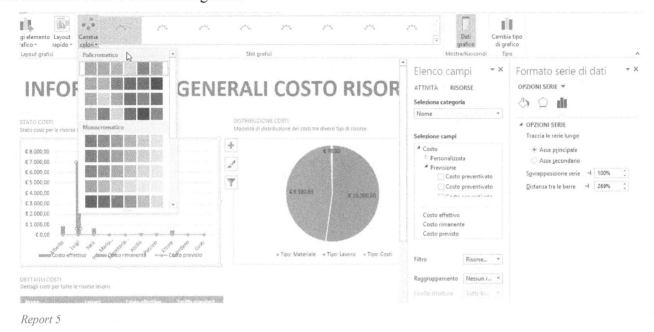

Report 5

Scegliendo Reports, Informazioni generali costi attività, si ha una rappresentazione dei costi delle attività.

Report 6

Stampa del progetto.

Se vogliamo stampare il progetto, occorre cliccare su File e scegliere Stampa.

Stampa 1

Qui si apre la Finestra Stampa dove possiamo impostare le proprietà della stampante.

Stampa 2

Scegliere il numero di copie da stampare.

Stampa 3

Le impostazioni di stampa, vale a dire, ad esempio, le date da cui stampare, oltre all'intero progetto.

Stampa 4

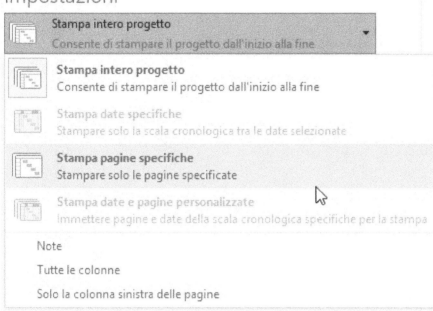

Stampa 5

Intervenire sulle proprietà della stampante.

Stampa 6

O impostare sulle proprietà delle pagine da stampare.

Si apre, infatti, la Finestra Imposta Pagina con una serie di Schede dove si possono apportare le modifiche necessarie.

Impostare l'orientamento orizzontale o verticale nella stampa.

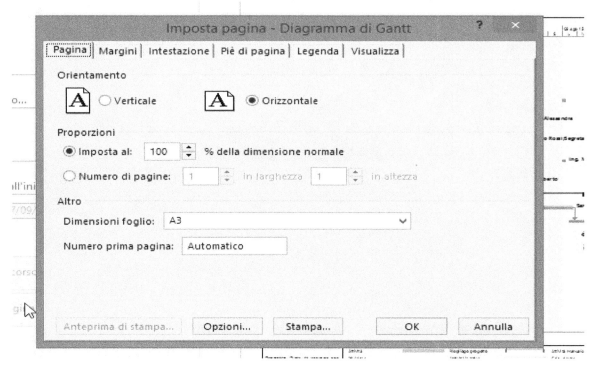

Stampa 8

Modificare i margini indicati di default da Project.

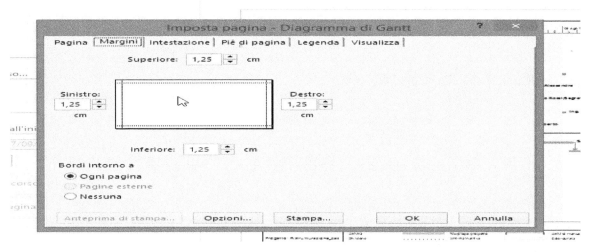

Stampa 9

Inserire un'intestazione, quale anche il logo dell'impresa.

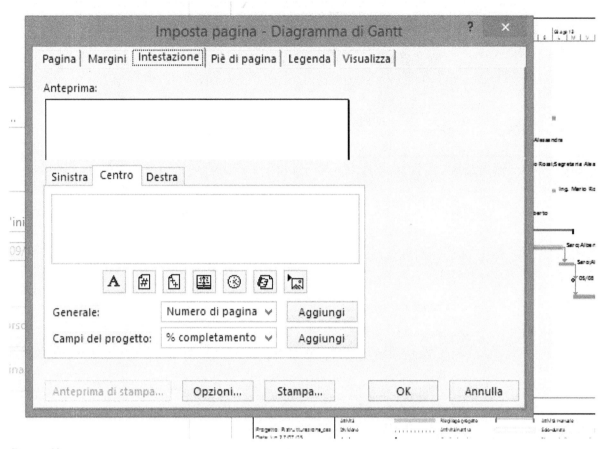

Stampa 10

I piè di pagina

Stampa 11

Legenda

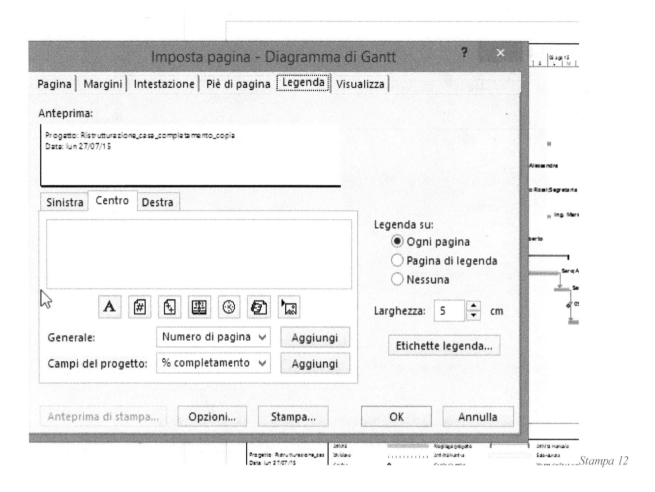

Stampa 12

E Visualizza.

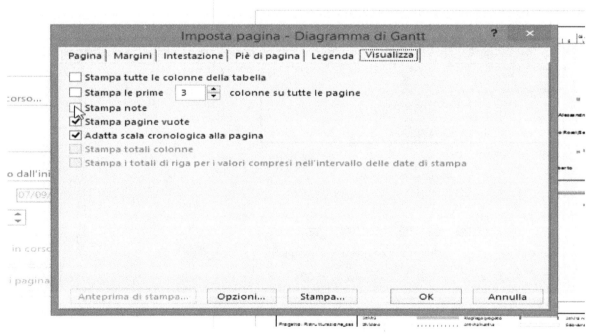

Stampa 13

1) Mostra il Report del progetto sulle attività in scadenza

2) Mostra il Report del progetto sulle Informazioni generali costi

3) Mostra il Report del progetto Informazioni generali costo risorsa

4) Torna alla visualizzazione Diagramma di Gantt e stampa 3 copie del progetto, orientamento orizzontale, indicando, in alto a sinistra, il Tuo Nome e Cognome, ed in basso a destra la data corrente.

5) Salva e chiudi l'applicazione di Project manager

Capitolo 8: i Campi indicatori in Project 2013

I **campi indicatori** in Project sono dei **campi attraverso i quali si hanno informazioni sulle attività**.

Si differenziano, rispetto agli altri dati di Project, perché la colonna in cui sono contenuti è rappresentata da una "i" in un cerchio blu e non da nomi.

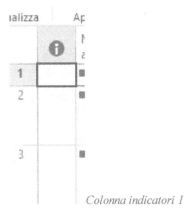

Colonna indicatori 1

Si riportano, di seguito, i principali campi indicatori secondo le tabelle della Guida di Project, a cui si accede cliccando sul "?" in alto a sinistra della Finestra.

Indicatori vari

Indicatore	Descrizione
	All'attività, alla risorsa o all'assegnazione è stata allegata una nota.
	All'attività, alla risorsa o all'assegnazione è stato allegato un collegamento ipertestuale
	La risorsa ha bisogno di essere livellata.
	L'attività finisce in una data posteriore a quella della scadenza.

Tabella indicatori 1

Indicatore di vincolo

Indicatore	Descrizione
⊞	L'attività ha un vincolo non flessibile, come: ■ Deve finire il (per i progetti programmati a partire dalla data di inizio). ■ Deve iniziare il (per tutti i progetti).
⊞	L'attività ha un vincolo flessibile, come: ■ Finire non prima del (per i progetti programmati a partire dalla data di inizio). ■ Finire non oltre il (per i progetti programmati a partire dalla data di fine). ■ Iniziare non prima del (per i progetti programmati a partire dalla data di inizio). ■ Iniziare non oltre il (per i progetti programmati a partire dalla data di fine).
⊞	L'attività non è stata programmata o completata entro i limiti temporali del vincolo.

Tabella indicatori 2

Indicatori del tipo di attività

Indicatore	Descrizione
↻	L'attività è una attività ricorrente.
✓	L'attività è stata completata.
📄	L'attività è un progetto allegato.
📄	L'attività è un progetto inserito di sola lettura.
📄	Questo progetto è stato già inserito all'interno di un progetto o di un progetto principale.
📅	All'attività è applicato un calendario calendario.
📅	L'attività contiene attività non intersecanti e calendari risorse

Tabella indicatori 3

In Project, poi, si hanno alcuni comandi di più frequente utilizzo:

1.   Relativa alla programmazione automatica

2.   Programmazione manuale

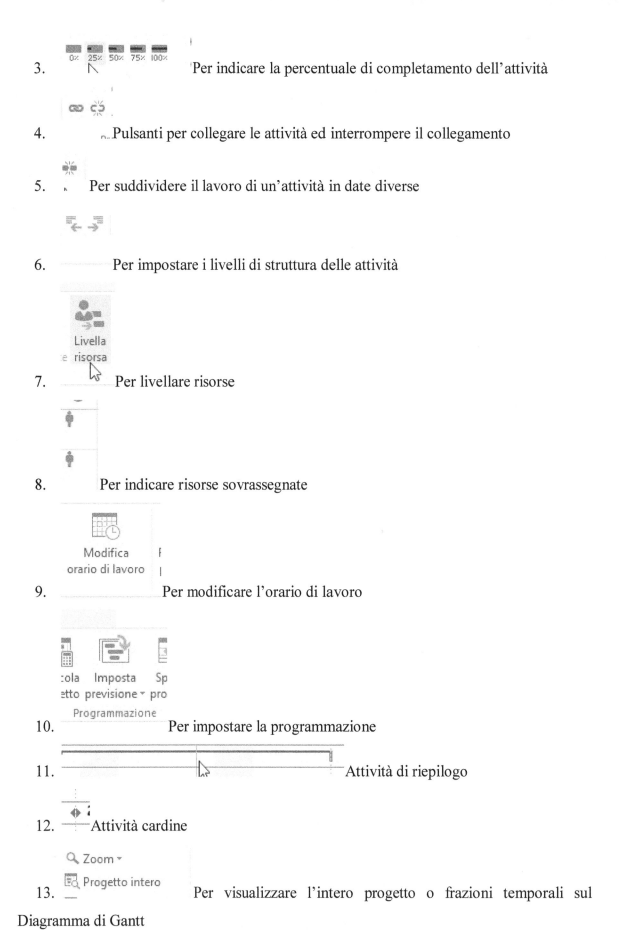

3. Per indicare la percentuale di completamento dell'attività

4. Pulsanti per collegare le attività ed interrompere il collegamento

5. Per suddividere il lavoro di un'attività in date diverse

6. Per impostare i livelli di struttura delle attività

7. Per livellare risorse

8. Per indicare risorse sovrassegnate

9. Per modificare l'orario di lavoro

10. Per impostare la programmazione

11. Attività di riepilogo

12. Attività cardine

13. Per visualizzare l'intero progetto o frazioni temporali sul Diagramma di Gantt

14.   L'attività ha una scadenza

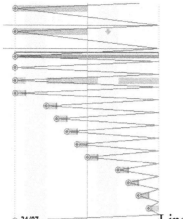

15.    Linee di avanzamento

16.   Attività critica

Esercizi

Domande teoriche aperte

1. Nozione di progetto

2. Formula della programmazione

3. Nozione di attività critiche

4. La programmazione basata sulle risorse

5. Cosa succede, in caso di attività a lavoro fisso, quando si aumentano le risorse?

6. Cosa succede, in caso di attività a durata fissa, quando aumenta il lavoro?

7. Cosa succede, in caso di attività a lavoro fisso, quando aumenta la durata?

8. Nozione di predecessore e successore

9. Domande sui simboli ed indicatori

10. Nozione di risorse e differenze

11. Quali, tra queste estensioni, indica un file di modello di progetto?

    a. .mpt

    b. .mpp

    c. .xlsx

    d. .docx

12. Definizione di Diagramma di Gantt

13. Che cosa si intende per attività in Project?

14. Che cosa indica la durata?

15. Che cosa si intende per lavoro?

16. Nozione di Triangolo del progetto

17. Durata trascorsa o *elapsed time*

18. Che cosa si intende per

    a. Relazione Inizio-Inizio o Finish to Start

    b. Relazione Inizio-Inizio o Start to Start

    c. Relazione Inizio-Fine o Start to Finish

    d. Relazione Fine-Fine o Finish to Finish

19. Abbina i seguenti simboli sul lato sinistro al tipo di relazione sul lato destro

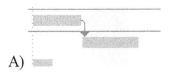

A)   1) Inizio-Fine

B)   2) Inizio-Inizio

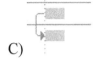

C)   3) Fine-Inizio

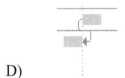

D)   4) Fine-Fine

20. Quando la durata è stimata, quale simbolo, tra questi, appare accanto alla cifra?

    a.   !

    b.   ?

    c.   ◇

    d.   ??

21. Tra quali due tipi di programmazione si possono programmare le attività?

22. Indica i calendari in Project, nozione e tipi

23. Per stabilire delle eccezioni nel calendario di un'attività o di una risorsa, dove si deve operare?

24. Perché il Manager di progetto deve comunicare i dati relativi all'andamento di un progetto? E a chi?

25. Le fasi del progetto: nozione ed elencazione

26. Quale, tra questi simboli, indica una programmazione automatica?

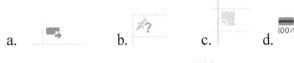

a.   b.   c.   d.

27. Dove si modificano i criteri generali sull'orario di lavoro predefinito?

28. Cosa indica questo simbolo sul Diagramma di Gantt?

    a. Attività ricorrente

    b. Attività cardine

    c. Attività con scadenza

    d. Attività riepilogo

29. Tipi di vincolo e nozione

30. Al posto del vincolo "Deve finire il" cosa si consiglia di utilizzare? E perché?

31. Data Stato: nozione

32. Che cosa indica il termine" Attività ricorrente"?

33. Perché si usano le note e gli Hyperlinks?

34. Ritardi (Lag) e Anticipazioni (Lead)

35. Quale, tra questi simboli, indica la presenza di una nota o di un Hyperlinks?

36. Quale, tra questi elementi, deve essere bilanciato con il lavoro e la durata quando si programmano progetti?

    a. Attività

    b. Costo

    c. Tempo

    d. Risorse

Domande pratiche

Primo esempio di esame

1. Apri l'applicazione di Project Management

2. Apri un progetto vuoto

3. Salva il piano di progetto come modello di progetto con un nome a scelta

4. Chiudi il progetto ma non uscire dall'applicazione

5. Apri un progetto nuovo

6. Modifica, con effetto per tutte le attività, la programmazione da manuale ad automatica

7. Salva il piano di progetto come file pdf, xml e cartella di lavoro xls, mantenendo, in questo caso, le corrispondenze dei campi.

8. Inserisci l'attività "Acquisto biglietto del treno", durata 1h, tramite pulsante Informazioni, lasciando tutte le altre impostazioni predefinite.

9. Aggiungi le seguenti ulteriori attività tramite Visualizzazione Dettagli:

   a. Prenotazione albergo a Milano 1h

   b. Partenza per Milano 1h

   c. Visita Expo 3g

   d. Visita città 2g

   e. Rientro a casa 3h

10. Chiudi la visualizzazione Dettagli

11. Collega le attività con una relazione di tipo Fine-Inizio

12. Imposta una data a scelta come data inizio progetto

13. Indica i tuoi dati come manager del progetto

14. Indica le attività "Partenza per Milano" e "Rientro a casa" come attività cardine

15. Assegna all'attività "Prenotazione albergo a Milano" il vincolo "Iniziare non più tardi del" (data a scelta)

16. Apri l'elenco risorse ed inserisci la risorse materiale €. 55,00 tramite il modulo Dettagli

17. All'attività "Prenotazione albergo" sostituisci il vincolo con una data di scadenza a scelta

18. Elimina il collegamento tra le prime due attività

19. Cambia la visualizzazione in Diagramma reticolare ed inserisci una nuova attività chiamata "Shopping a Milano". Collegala con l'attività Visita città con una relazione Inizio-Inizio

20. Ritorna alla visualizzazione Diagramma di Gantt. Cancella l'attività predecessore relativa all'attività Rientro a casa

21. Salva il progetto come "Viaggio" e stampa due copie, orientamento del foglio orizzontale, inserendo la data corrente in basso a destra ed il tuo nome in alto a sinistra

22. Cambia il tipo di vincolo delle prime due attività da Fine-Inizio a Inizio-Inizio

23. All'attività b, "Partenza per Milano", assegna un ritardo di 4 giorni

24. Apri la visualizzazione elenco risorse ed indica la risorsa Materiale Albergo €. 120,00/g

25. Ritorna alla visualizzazione Diagramma di Gantt e assegna le seguenti risorse, seguendo le diverse procedure che conosci

a. Assegna all'attività b, le risorse materiali biglietto del treno,

b. All'attività d, "Visita città", la risorsa costo €. 150,00 e costi fissi per €. 200,00 tramite l'apposita tabella

c. All'attività c, costi fissi per €. 20,00 (biglietti mezzi pubblici)

d. Salva e chiudi il progetto

Seconda esercitazione.

Crea preliminarmente il file di progetto con i dati di seguito indicati, che poi saranno modificati nel corso dell'esercitazione, e salvalo con il seguente nome "Costruzione palazzo".

A) Attività:

1. Richiesta permessi: 1 mese (1mes)

2. Scavare terreno: 2s

3. Gettare le fondamenta 2s

4. Livellare cemento: 1s

5. Acquisto materiali 1s

6. Palazzo finito: 1?

B) Apri visualizzazione elenco risorse e riporta le seguenti risorse

1. Cemento, risorsa materiali

2. Operai: Giordano, Matteo, Patrizio, Vittorio, Sergio, Sebastiano

3. Ing. Rossi, Direzione

4. Idraulici: Walter, Marcello, Roberto

5. Mattoni, ferro, chiodi, trapani, vernici

6. Sanitari, rubinetteria

Inizio Esercitazione

1. Accerta che tutte le attività sia impostate con programmazione automatica

2. Sposta l'attività 5 "Acquisto materiali", dopo l'attività 1 "Richiesta permessi"

3. Inserisci, dopo l'attività 5, un'attività di riepilogo

4. Inserisci, dopo l'attività 6, 8 attività, sotto-attività della numero 6

5. Rinomina le sotto attività nel modo seguente:

   a. Piano cantinato 1 mese

   b. Piano terra 1 mese

   c. Primo piano 1 mese

d. Secondo piano 1 mese

e. Terzo piano 1 mese

f. Quarto piano 1 mese

g. Quinto piano 1 mese

h. Tetto

6. Collega le attività in questione da una relazione Fine-Inzio

7. Inserisci una nuova attività, ricorrente, in Visualizzazione Dettagli, chiamala "Riunione periodica", che si verifichi ogni 7 giorni lavorativi, durata 3h

8. Inserisci un'interruzione di una settimana nell'attività 7 "Costruzione piano cantinato"

9. Dopo l'attività 7, inserisci una nuova attività e denominala "Costruzione box", di durata di 1 mese, legata dalla relazione Fine-Inizio con l'attività "Piano cantinato"

10. Inserisci una scadenza per l'attività "Tetto"

11. Assegna le risorse materiali

12. Inserisci le seguenti risorse costo

a. Noleggio betoniera €. 1000,00/g

b. Noleggio camion trasporti materiali €. 500,00/g

13. Inserisci i seguenti costi fissi

a. Tassa occupazione suolo pubblico €. 10.000,00

b. Multa €. 2.500,00 per mancato rispetto segnaletica (da mettere per l'interruzione di una settimana)

14. Prima dell'attività "Palazzo finito", inseriscine un'altra e chiamala "Installazione ascensore, con relazione Fine-Inizio con la "Costruzione del tetto", con durata di 1 mese

15. Modifica il tipo di relazione appena impostata, in quanto gli operai addetti all'allocazione dell'ascensore, possono iniziare prima che sia finito il tetto per cui modifica il predecessore dal tetto all'attività "Costruzione quinto piano"

16. Imposta l'attività "Palazzo finito" come attività cardine con relazione Fine-Inizio con l'attività "Tetto"

17. Apri l'elenco risorse ed inserisci 4 operai per l'ascensore, Tancredi, Gustavo, Amedeo, Onofrio

18. Inserisci le a risorse materiali relative all'attività (ascensore, porte per i piani, cavi dell'ascensore), con tariffe standard a piacere

19. Fai una previsione dell'intero progetto

20. Inserisci i dati relativo al tuo nome come Manager del progetto, della tua società e come titolo "Costruzione del palazzo"

21. Stampa 3 copie del progetto, formato A3, con intestazione in alto a sinistra del tuo nome e la data corrente in basso a destra

II° parte dell'esercitazione con il progetto avviato

22. All'attività 3, "Livellare cemento-2, assegna un calendario 24h

23. Inserisci una data Stato a piacere

24. Per gli operai prevedi 10h lavorative al giorno, impostando il Sabato come giornata lavorativa

25. Livella le risorse sovrassegnate

26. Imposta le prime sette attività come completate al 100%

27. L'attività, alla data del (inventare a piacere), è incompleta. Riprogramma il progetto da questa data.

28. Inserisci un'interruzione di 2 giorni all'attività 8

29. Indica come completate l'attività 8 e 9

30. Inserisci un'interruzione di 1s nell'attività 10

31. Apri la previsione salvata prima, confronta con il progetto e salva in pdf con il nome "Previsione"

32. Nascondi la previsione

33. Mostra il progetto come Diagramma reticolare, poi torna al Diagramma di Gantt

34. Indica la differenza tra le due immagine

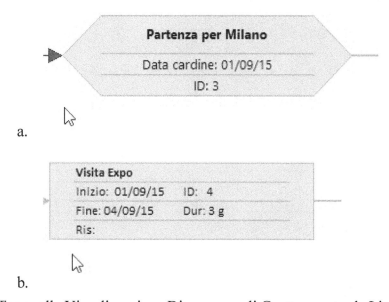

a.

b.

35. Torna alla Visualizzazione Diagramma di Gantt e mostra le Linee di avanzamento del progetto sia alla Data Stato che con le previsioni

36. Inserisci, nella tabella, la colonna percentuale completamento e costo. Salva il progetto

37. Ordina la tabella secondo i costi partendo dal più elevato

38. Annulla l'ultima operazione

39. Applica un filtro prima in base alla % di completamento poi alla durata

40. Assegna alla costruzione ascensori altri 2 operai assunti da poco indicando, nell'opportuna finestra, le tariffe Standard per il primo mese e, a partire da secondo mese, con una maggiorazione del 20%

41. Cambia l'orario di lavoro rendendo il Sabato giornata lavorativa

42. Salva il file di progetto in un file xml e come cartella Excel con le corrispondenze

43. Sostituisci uno degli operai addetti all'ascensore

44. Aggiungi la seguente nota, alla attività "Costruzione dei Box": "Devono avere tutti le seguenti misure 4m x 4m"

45. Aggiungi, per ciascuna delle attività dalla costruzione del piano terra alla costruzione del quinto piano, una nuova attività

46. Denomina le nuove attività come "Costruzione portone e guardiola" per il piano terra, mentre, per i restanti piani, come "Costruzione porte e finestre"

47. Ognuna di queste nuove attività inserite è predecessore della precedente

48. In elenco risorse inserisci le risorse materiali porte e finestre dal costo €. 150,00 a finestra e €. 250,00 per le porte

49. Inserisci una nota con il collegamento al sito Web www.porteefinestre.it

50. Assegna le risorse così create alle relative attività

51. Segna tutte le attività come completate

52. Salva e chiudi il progetto.

Soluzione esercizi

Risposte domande capitolo 1, domande aperte

1. Un'iniziativa temporanea intrapresa per creare un prodotto, un servizio o un risultato con caratteristiche di unicità

2. Tempo, costo e scopo o obiettivi del progetto

3. Diagramma di Gantt, Diagramma Reticolare, Diagramma di Pert.

4. Per far fronte agli imprevisti che dovessero verificarsi

5. Il Diagramma di Gantt è suddiviso in due parti. Sul lato sinistro sono indicate verticalmente le attività con indicazione della durata di inizio e fine, sul lato destro le stesse attività sono rappresentate come delle barre orizzontali di lunghezza variabile in funzione della durata delle stesse, con appositi segnalatori man mano che il progetto cammina.

6. Il Diagramma reticolare o di PERT (*Programme Evaluation and Review Technique*), mostra l'interdipendenza tra le varie attività raffigurate tramite caselle o nodi e con delle linee di connessione ad indicare le dipendenze fra le attività.

7. La struttura gerarchica consiste in una suddivisione del progetto in parti più elementari, di modo da offrire una rappresentazione gerarchica del progetto attraverso una definizione dettagliata degli elementi che lo compongono.

8. Fase di pianificazione, esecuzione, chiusura e controllo.

9. La ragione del progetto stesso, lo scopo, ad esempio la costruzione di un palazzo

10. Perché, di fronte ad imprevisti od ostacoli, i soggetti interessati debbono essere messi in condizione di prendere le opportune decisioni.

Domande a risposta multipla.

1. Attività temporanea, intrapresa per creare un prodotto, un servizio o un risultato con caratteristiche di unicità.

2. Costi, Tempo e Obiettivi.

3. In ordine, Diagramma di Gantt, Diagramma reticolare e Struttura gerarchica o WBS, *Work Breakdown Structure*.

Risposte domande capitolo 2

1. A seconda del sistema operativo

    a. Su Windows 7, tasto Start, Tutti i programmi, Microsoft Office, Project 2013; in alternativa, cliccare due volte sull'icona presente sulla barra delle applicazioni, o sull'icona presente sul desktop

b. Su Windows 8.1, tasto Start, Tutte le applicazioni, scegliere l'App. di Project 2013; in alternativa, se ci si trova sulla schermata desktop, si può cliccare sull'icona presente sulla barra delle applicazioni

c. Su Windows 10, cliccare sul pulsante logo di Windows che apre il tasto Start, cliccare sulle App aggiunte di recente o su Tutte le App e si naviga fino a Project 2013; in alternativa, sempre sul pulsante Start, possiamo cliccare sul lato destro personalizzato con App appartenenti ad un gruppo; infine, si può cliccare su un file di progetto presente sul desktop o sulla barra delle applicazioni.

2. Cliccare sulla "x" presente in alto a destra, sotto la riga dove si trova la guida in linea di Project.

3. Cliccare su uno dei modelli che appaiono una volta avviato il programma. Se, invece, si sta lavorando su un progetto e si vuole aprire un modello, e sufficiente cliccare su File, poi su Nuovo.

4. File, salva con nome. Scelta il luogo di destinazione, si clicca su Salva con nome e lì si sceglie tra le varie opzioni: xml, pdf, cartella di Excel.

5. Procedura precedente dove, però, si opta per "modello di progetto".

6. .mpt

7. Quando si salva il file di progetto come cartella di lavoro Excel.

8. Il Diagramma di Gantt indica la visualizzazione predefinita di un progetto e si caratterizza per il fatto di essere formato da una tabelle sulla sinistra con l'indicazione delle varie attività in elenco mentre, sulla destra, da una serie di barre a rappresentare la durata delle attività.

9. Una volta aperto un modello di progetto, si può cliccare sulla Scheda Visualizza e poi su Diagramma reticolare nel Gruppo Visualizzazioni attività, oppure cliccare su Pianificazioni Team o Altre Visualizzazioni nel Gruppo Visualizzazioni Risorse, si apre la finestra Altre Visualizzazioni e qui scegliere diagramma reticolare. Infine, clic destro sulla visualizzazione corrente (scritta sulla sinistra in verticale della finestra come da immagine che segue) e lì scegliere Diagramma reticolare.

	ⓘ	Modal attività ▾	Nome attività ▾	Durata
0		▰	◢ **Programmazione del progetto**	**22 g**
1		▰	◢ **Fase n. 1**	**8 g**
2	✓	▰	Attività 1	3 g
3		▰	Attività 2	3 g
4		▰	Fase 1 - Comple	0 g
5		▰	Fase 2 - Pianific	2 g
			Fase n. 2	**8 g**
			Attività 3	3 g
			Attività 4	3 g
			Fase 2 - Comple	0 g
			Fase 3 - Pianific	2 g
			Fase n. 3	**6 g**
			Attività 5	3 g
			Attività 6	3 g
			Fase 3 - Comple	0 g

Menu (Diagramma di Gantt):
- Calendario
- ✓ Diagramma di Gantt
- Diagramma reticolare
- Elenco attività
- Gantt verifica
- Gestione attività
- Modulo attività
- Sequenza temporale
- Diagramma risorse
- Elenco risorse
- Modulo risorse
- Pianificazione team
- Uso risorse
- Altre visualizzazioni...
- Barra di Project

Apertura Diagramma reticolare 1

10. 6 Schede, Attività, Risorsa, Report, Progetto, Visualizza e Formato.

11. Nella Scheda Attività, Gruppo Programmazione.

12. Programmazione manuale e automatica.

13. Sul pulsante Modifica orario di lavoro, Gruppo Programmazione, Scheda Progetto. Qui, si seleziona la voce "Settimane lavorative", poi "Dettagli" e si apportano le modifiche richieste.

14. Si deve cliccare su Elenco risorse, Gruppo Visualizzazione risorse, Scheda Visualizza.

15. Si clicca sulla prima "x" posta in alto a destra della Barra multifunzione.

Risposte domande capitolo 3

1. Vedi risposta alla domanda 1 capitolo 2

2. Clic su Scheda Progetto, Riepilogo Informazioni, Gruppo Proprietà, nella riga dalla data di inizio indicare la data richiesta

3. Clic sul simbolo "?", in alto a destra. Si apre la Guida di Project dove, sotto la riga "Serve Assistenza?", digitare "attività cardine", poi invio

4. Dalla data di inizio, anche se stimata in quanto ciò consente di avviare il prima possibile le attività valutando l'incidenza sul progetto di eventuali ritardi.

5. File, Informazioni progetto, Proprietà Avanzate ed indicare nome e cognome

6. Il calendario del progetto definisce la programmazione lavorativa per l'intero progetto.

7. Clic su Riepilogo Informazioni, Scheda Progetto, Gruppo Proprietà e Calendario 24 ore. Cliccare, poi, sulla freccia verde rivolta verso sinistra in alto a sinistra della finestra di Project.

8. Il calendario delle risorse indica i giorni lavorativi e non lavorativi di una risorsa. Il calendario delle attività, invece, si riferisce alle singole attività.

9. Modifica orario di lavoro. Clic sulla linguetta settimane lavorative e poi su dettagli. Qui si evidenzia il Sabato, si seleziona "Imposta l'orario specifico seguente" ed il relativo orario.

10. Selezionata un'attività, cliccare sul pulsante Informazioni, Gruppo Proprietà, Scheda Attività.

11. Clic su Elenco risorse, Gruppo Visualizzazioni Risorsa, Scheda Visualizza e cliccare sulla risorsa indicata. Poi, sotto la colonna "Calendario di base", scegliere "Turno di notte".

12. Si.

Risposte domande capitolo 4

Prima parte:

1. Clic sulla barra di stato e scegliere Programmazione automatica.

3. Durata stimata.

9. Attività che riassumono le attività dalle quali sono composte.

15. Perché tra le due sotto attività non è stata impostata alcuna relazione, pertanto Project considera solo la durata più ampia, in questo caso quella della seconda sotto attività.

Seconda parte:

16. Tempo necessario per completare un'attività, arco temporale che va dall'inizio alla fine di un'attività.

17. Per lavoro si intende il quantitativo di tempo che una risorsa impiega per completare l'attività.

18. 32h, dati dalla seguente moltiplicazione: 4 giorni x 8 h (giornata lavorativa standard).

19. Durata presunta delle attività delle quali ancora non si conoscono i tempi esatti di realizzazione. E' rappresentata da un "?" accanto ad un numero.

20. Attività la cui durata è basata su giornate di 24 ore, settimane di 7 giorni, vale a dire attività continue, senza interruzioni per periodi non lavorativi. La durata delle attività, in questo caso, non è più influenzata dalle risorse. E' rappresentata da una "t" accanto al numero.

21. m.

22. Di 8h, dalle 9:00 alle 18:00, compresa un'ora di pausa, e si modifica in File, Opzioni, Programmazione.

25. I giorni, e si modifica in File, Opzioni, Programmazione.

27. Un'attività che segna il completamento di una fase o attività importante nella vita del progetto, generalmente di durata "0". E' rappresentata da un rombo posto accanto alla barra del Diagramma di Gantt.

Terza parte.

30. Con il termine "predecessore" ci si riferisce ad un'attività la cui data di inizio o fine incide sulla data di inizio o di fine di un'altra. Per successore, invece, ad un'attività la cui data di inizio o di fine è determinata da un'altra.

31. Per relazione

 a. Fine-Inizio ci si riferisce al collegamento tra attività dove la data di fine dell'attività predecessore determina l'inizio della successore;

 b. Inizio-Inizio: la data di inizio dell'attività predecessore determina l'inizio dell'attività successore;

 c. Fine-Fine: la data di fine dell'attività predecessore determina la fine dell'attività successore;

 d. Inizio-Fine: la data di inizio dell'attività predecessore determina la fine dell'attività successore.

33.

36. Si. Le attività di riepilogo, possono essere collegate direttamente tra loro oppure tramite le rispettive sotto attività, anche se, per rispettare l'ordine sequenziale, è preferibile però, collegare le attività di riepilogo tra loro. L'unica cosa che non si può fare è collegare un'attività di riepilogo con una delle proprie sotto attività in quanto si verrebbe a creare un problema di programmazione circolare, da Project non consentito

Quarta parte

44. No, perché "1s" equivale ad una settimana lavorativa, esclusi Sabato e Domenica, mentre "7g" significa considerare i giorni lavorativi dal Lunedì al Venerdì più il Lunedì ed il Martedì della settimana successiva.

45. I vincoli sono i seguenti:

    a. Flessibili, vale a dire:

        i. Il prima possibile

        ii. Il più tardi possibile

    b. Semi flessibili, vale a dire:

        i. Iniziare non prima del

        ii. Iniziare non oltre il

        iii. Finire non prima del

        iv. Finire non oltre il

    c. Rigidi, vale a dire:

        i. Deve iniziare il

        ii. Deve finire il

47. Il vincolo "Finire non oltre il"

48. Perché Project dà la precedenza ai vincoli rispetto alle relazioni tra le attività e ciò potrebbe causare un conflitto di programmazione.

49. La Scheda Avanzate.

50. La data di scadenza perché il Manager può programmare le varie attività con un margine di flessibilità maggiore rispetto al caso in cui sia impostato un vincolo rigido.

Risposta domande capitolo 5

1. Le risorse del progetto indicano le persone, le attrezzature, i materiali ed i costi necessari per completare il progetto, Si distinguono tre tipi di risorsa:

    a. Le risorse lavoro, vale a dire persone ed attrezzature che eseguono il lavoro;

    b. Le risorse materiali, beni di consumo necessari al progetto;

    c. Le risorse costo, vale a dire costi finanziari associati ad un'attività del quale occorre tenere traccia a fini contabili.

Le ultime due risorse in questioni, a differenza delle risorse lavoro, non hanno influenza sulla programmazione.

4. Abbinamento di una risorsa lavoro ad un'attività.

5. Un importo attribuito per ogni utilizzo della risorsa, come il noleggio di un macchinario, voce che può aggiungersi alla tariffa Standard e Straordinaria.

7. 100%.

8. Termine che indica l'incidenza delle modifiche di un elemento della formula, ad esempio il lavoro, sulle altre due (durata ed unità).

9. No.

10. Tipi di attività:

    a. Unità fisse: dove non si modifica la percentuale del lavoro delle risorse.

    b. Durata fissa: non cambia il tempo programmato;

    c. Lavoro fisso: non si modifica il quantitativo di lavoro.

11. Diminuisce la durata.

12. Diminuisce la durata.

13. Livellando le risorse.

18. Costi che registrano le variazioni delle tariffe Standard e Straordinaria, ad esempio per accordi sindacali.

Risposte domande capitolo 6, prima parte

1. Tutte quelle attività fra di loro collegate ed il cui ritardo determina la mancata realizzazione del progetto nei tempi previsti.

3. Rosse.

7. Una fotografia del progetto utile per confrontare eventuali scostamenti da quanto programmato.

9. 11.

Conclusione

Nel presente manuale si è cercato di fornire una guida per la certificazione di Ecdl Project Planning tramite l'analisi del software della Microsoft, Project 2013.

Naturalmente Project ha innumerevoli funzionalità il cui esame esula dai limiti del presente testo.

Si indicano, pertanto, di seguito, alcuni testi su Project, indicazione da non ritenersi esaustiva ma esemplificativa, essendo tantissimi i manuali sui software di progetto e sul Project Management in particolare.

Bibliografia

AICA. (2014). Nuova ECDL Project Planning Microsoft Project 2013. WebScience S.r.l.

Benuzzi, F. (2007). Microsoft Office Project 2007. Edizioni FAG Milano.

Biafore, B. (2013). Microsft Project 2013, The missing Manual.

Biafore, B. (2013). Successful project manangemet, Applying best practices and real-world techniques with Microsoft Project.

Biafore, B. (s.d.). Successful project management, Applying best practices and real-world technique with Microsft Project.

Cia Training. (2014). Project Management Software BCS ITQ Level 2 Using Project 2010 (per Ecdl Project Planning). UK.

Cia Training. (2014). Project Management Software BCS ITQ Level 2 Using Project 2013 (per Ecdl Project Planning). UK.

Daeley, S. (2013). Project 2013 in depth. Que Publishing.

Guida al Project Management Body of knowledge (Guida al PMBK), Quinta edizione. (31 dicembre 2013).

Howard, B. (2013). Microsft Project 2013, Plain and simple.

Johnson, C. C. (2007). Microsoft Office Project 2007 passo per passo, Mondadori .

Johnson, C. C. (2010). Microsoft Project 2010 passo per passo, Mondadori.

Johnson, C. C. (2013). Microsoft Project 2013, Step by Step. MCST.

Marmel, E. (2007). Microsoft Office Project 2007 Bible, Wiley.

Marmel, E. (2010). Microsft Project 2010 Bible, Wiley.

Microsoft. (2002). Manuale dell'utente di Microsoft Project 2002 Standard e professional.

Muir, N. C. (2010). Microsft Project 2010 for dummies.

Rambaldi, E. M. (2013). Guida alle conoscenze di gestione dei progetti, Franco Angeli.

Rizzo, R. (2010). Project 2010 Manuale per l'apprendimento veloce.

Stover, T. S. (2007). Project 2007 Inside Out. Microsoft Press.

Stover, T. S. (2014). Microsoft Project 2010 INside Out, Microsoft Press.

Glossario

Assegnazione risorse: abbinamento di una risorsa lavoro a un'attività.

Attività: elemento base del progetto, mansione, con una data di inizio e di fine.

Attività cardine o **milestones**: eventi importanti nella vita del progetto, vale a dire attività che segnano il raggiungimento di importanti traguardi il compimento conclusivo di determinate fasi. Generalmente di durata "0". E' rappresentata da un rombo posto accanto alla barra del Diagramma di Gantt.

Attività critiche: attività il cui ritardo comporta lo slittamento di altre attività collegate con incidenza sull'intero progetto (vedi *percorso critico*).

Attività ricorrente: serie di attività che si ripetono con frequenza regolare.

Attività di riepilogo: attività che comprendono le sotto attività dalle quali sono composte.

Calendario del progetto: calendario di base, utilizzato per il progetto e che definisce la programmazione lavorativa per l'intero progetto.

Calendario delle attività: applicato alle singole attività. Qualora alle attività siano assegnate risorse, le attività sono programmate in base al calendario delle risorse o dell'intero progetto, se non si specifica altrimenti.

Collegamento ipertestuale o *hyperlink*: collegamenti a file presenti sul pc o ad una pagine Web.

Cointeressati o *stakeholeders*: tutti i soggetti interessati all'andamento del progetto e con i quali il Manager di progetto deve costantemente confrontarsi come, a titolo di esempio, i clienti o i superiori.

Corrispondenza: nel salvataggio di un file in una Cartella di lavoro di Excel, le specifiche per esportare i campi di un file di progetto in un file Excel.

Costo (risorsa): costo finanziario associato a un'attività e del quale occorre tenere traccia a fini contabili, tipo i costi di rappresentanza.

Costo fisso: costi che rimangono costanti indipendentemente dalla durata dell'attività o dalla quantità di lavoro svolto dalla risorsa e che sono sostenuti una sola volta.

Costi variabili: modifiche alle voci delle risorse costo nelle tariffe Standard e Straordinarie, intervenute, ad esempio, per accordi sindacali.

Data stato: data stabilita dal Project Manager, ad esempio la data corrente in cui si apre il file di Project, per calcolare l'andamento del progetto. Si imposta nella Scheda Progetto, Gruppo Stato.

Diagramma di Gantt: la visualizzazione predefinita di un progetto e si caratterizza per il fatto di essere formato da una tabelle sulla sinistra con l'indicazione delle varie attività in elenco mentre, sulla destra, da una serie di barre a rappresentare la durata delle attività.

Diagramma reticolare o di PERT (*Programme Evaluation and Review Technique*), mostra l'interdipendenza tra le varie attività raffigurate tramite caselle o nodi e con delle linee di connessione ad indicare le dipendenze fra le attività.

Durata: arco temporale che va dalla data di inizio di un'attività alla data di fine.

Durata fissa: tipo di attività dove non cambia il tempo programmato.

Durata stimata e "*Estimated time*": rappresentata da un "?" accanto al numero, di default quando non si indica la durata precisa.

Durata trascorsa o "*Elapsed time*": indica un'attività la cui durata è basata su giornate di 24 ore, settimane di 7 giorni, attività continuate, senza interruzioni per periodi non lavorativi. La durata delle attività, in questo caso, non è più influenzata dalle risorse. E' rappresentata da una "t" accanto al numero.

Fase di pianificazione del progetto: il Project Manager deve formarsi un quadro generale del progetto, individuandone gli obiettivi, anche contattando coloro che hanno commissionato il progetto stesso.

Fase di esecuzione: riguarda il progetto avviato e la necessità di accertare che tutto proceda secondo quanto stabilito per apportare tutte quelle modifiche che si rendessero necessarie.

Percorso critico: serie di attività collegate il cui ritardo determina il ritardo o il mancato realizzarsi del progetto.

Fase di chiusura e controllo del progetto: terminato il progetto, il Project Manager deve comunicarne i risultati ai soggetti interessati e creare un modello del progetto concluso, sia per avere una base di partenza per futuri progetti che per far tesoro delle "lezioni apprese" individuando ciò che è andato bene e ciò che è andato male. Anche un progetto rivelatosi un fallimento, infatti, può essere preso a base per migliorarsi in futuro, individuando il momento nel quale si sarebbe dovuto agire tempestivamente per non ripetere, in analoga situazione che si dovesse ripresentare, gli stessi errori che hanno portato al fallimento.

Formula della programmazione: termine che indica l'incidenza della modifica di un elemento (ad esempio la durata), su gli altri due (lavoro ed unità): la formula è Lavoro = Durata x Unità

Lavoro: quantitativo di tempo che impiega una risorsa per compiere un'attività.

Lavoro fisso: tipo di attività in cui non cambia il quantitativo di lavoro programmato.

Linea di avanzamento: rappresentazione grafica posta su una barra nella visualizzazione del Diagramma di Gantt che mostra la parte di attività completata.

Livellamento delle risorse: tecnica per risolvere il problema delle risorse sovrassegnate.

Margine di flessibilità: quantità di tempo per cui un'attività può subire ritardi senza incidere sulla durata complessiva del progetto.

Obiettivi del progetto: la ragione del progetto, lo scopo, ad esempio la costruzione di un palazzo.

Obiettivi del prodotto: qualità, caratteristiche del prodotto.

Percorso critico *(vedi attività critiche)*: serie di attività collegate il cui ritardo determina il ritardo o il mancato realizzarsi del progetto.

Predecessore (attività): attività la cui data di inizio o fine incide sulla data di inizio o di fine di un'altra.

Previsione o *baseline*: istantanea del progetto, una fotografia che viene fatta al progetto originario, appena terminata la pianificazione, tale che il Manager di progetto possa controllare gli eventuali scostamenti del progetto reale da quanto pianificato. La previsione comprende:

- La data di inizio e la data di fine programmate;
- Le attività e le assegnazioni delle risorse;
- I costi pianificati.

Project consente di impostare sino a 11 previsioni.

Progetto: Attività temporanea, intrapresa per creare un prodotto, un servizio o un risultato con caratteristiche di unicità.

Programmazione basata sulle risorse: programmazione in cui il lavoro di un'attività rimane costante qualunque sia il numero di risorse assegnato. Quando, infatti, vengono assegnate risorse a un'attività, la durata diminuisce ma il quantitativo di lavoro rimane lo stesso (le unità), distribuito fra le risorse assegnate.

Relazione (tra le attività): tipo di collegamenti tra le attività, relazioni logiche di precedenza in punto di svolgimento, collegamento in base al quale un'attività è predecessore di un'altra, definita successore.

Relazione (tipi):

1. Fine-Inizio o Finish to Start, collegamento tra attività dove la data di fine dell'attività predecessore determina l'inizio della successore;

2. Inizio-Inizio o Start to Start, la data di inizio dell'attività predecessore determina l'inizio dell'attività successore;

3. Fine-Fine o Finish to Finish, la data di fine dell'attività predecessore determina la fine dell'attività successore;

4. Inizio-Fine o Start to Finish, la data di inizio dell'attività predecessore determina la fine dell'attività successore.

Risorse: tutte le persone, le attrezzature, i materiali ed i costi necessari per completare il progetto.

Risorse lavoro: le persone e le attrezzature che eseguono un lavoro.

Risorse materiali: beni di consumo necessari al progetto.

Scadenza o *deadline*: data finale entro cui compiere un'attività. Da preferire ai vincoli rigidi in quanto lascia la possibilità di riprogrammare le attività rispettando la scadenza, a differenza dei vincoli rigidi.

Struttura gerarchica o **WBS** (Work Breakdown Structure": consiste in una suddivisione del progetto in parti più elementari, di modo da offrire una rappresentazione gerarchica del progetto attraverso una definizione dettagliata degli elementi che lo compongono.

Successore (attività): attività la cui data di inizio o di fine è determinata da un'altra.

Triangolo del progetto: termine che si riferisce al legame esistente tra i tre vincoli principali che occorre bilanciare nella gestione di un progetto, vale a dire lo scopo, il tempo e i costi. Modificandone uno, necessariamente gli altri due elementi dovranno essere modificati.

Unità: capacità lavorativa di una risorsa assegnata ad un'attività. Se non si specifica nulla, Project assegna il 100% alle unità (uno degli elementi della formula di programmazione).

Unità fissa: in cui non si modifica la percentuale di lavoro delle risorse assegnate.

Vincolo: restrizione nella programmazione delle attività. I vincoli sono di tre tipi:

1. Flessibili, in cui la data di inizio e di fine possono essere cambiate senza restrizioni;

2. Semi-flessibili o medi dove, rispettando la data di inizio o fine, l'attività può essere riprogrammata;

3. Non flessibili o rigidi, in cui l'attività deve iniziare o finire ad una data precisa.

La scelta del tipo di vincolo dipendete dall'attività che si deve realizzare. Nel dettaglio, comunque, si può distinguere:

A) Vincoli flessibili:

- **Il più presto possibile** o *As Soon As Possible (ASAP)*. E' il tipo di vincolo predefiniti in Project 2013 che si applica quando si imposta una programmazione dalla data di inizio del progetto, per cui l'attività è programmata per iniziare il prima possibile. In questo caso non si hanno date di vincolo.

- **Il più tardi possibile** o *As Late As Possibile (ALAP)*. Tipo di vincolo predefinito quando la programmazione è impostata dalla data di fine del progetto. Qui le attività sono programmate per iniziare il più tardi possibile e non ci sono date di vincolo.

B) Semi-flessibili o medi:

- **Iniziare non prima del** o *Start No Earlier Than (SNET)*, vincolo con il quale si programma l'inizio di un'attività non prima di una certa data;

- **Iniziare non oltre il** o *Start No Later Than (SNLT)*, vincolo con il quale l'attività è programmata per iniziare non più tardi di una data specifica;

- **Finire non prima del** o *Finish No Earlier Than (FNET)*, vincolo con il quale l'attività è programmata per finire non prima di una data specifica;

- **Finire non oltre il** o *Finish No Later Than (FNLT)*, vincolo con il quale l'attività è programmata per finire non più tardi della data indicata.

C) Vincoli non flessibili o rigidi:

- **Deve iniziare il** o *Must Start On (MSO)*, vincolo con il quale si stabilisce che un'attività deve iniziare alla data specificata;

- **Deve finire il** o *Must Finish On (MFO)*, vincolo con il quale si programma l'attività per finire alla data indicata.

---

[i] A questo indirizzo Internet è possibile reperire tutte le informazioni sui vari piani ed i costi di Project 2013 https://products.office.com/it-it/Project/compare-microsoft-project-management-software .

[ii] Il presente manuale è stato scritto proprio avvalendosi di Project Pro per Office 365.

[iii] I Progetti utilizzati nel presente manuale sono quelli disponibili nell'applicazione di Project 2013, tranne pochi creati completamente per spiegare i vari passaggi delle attività.

[iv] Problema che non si pone, o si pone in misura minore qualora si prenda, come punto di partenza, un precedente progetto o uno dei modelli messi a disposizione da Project 2013.

[v] (Stover, Microsoft Project 2010 Inside Out, 2010), pagine 99 e ss.

[vi] (Johnson, Microsoft Project 2010 passo per passo, 2010), pagine 27 e ss

[vii] Giorno in cui si è svolto il presente esercizio.

[viii] Qualora, invece, non vogliamo inserire nuove attività al di sopra di una già presente, è sufficiente non selezionarla.

[ix] In sede di esame, solo se richiesto specificamente.

[x] Solo la conoscenza dei primi due rileva in sede di esame di Ecdl Project Planning

[xi] Esempi, gli ultimi due, tratti da (Marmel, Microsoft Office Project 2007 Bible , 2007), pag. 112-113.

[xii] Vedi precedente nota

[xiii] (Johnson, Microsoft Project 2010 passo per passo, 2010), pag. 41 e ss

[xiv] E' chiaro che, nello specifico, non ha senso acquistare i prodotti per pulire dopo le pulizie, ma si tratta solo di un esempio per mostrare il funzionamento di Project 2013.

xv Le nozioni fornite nella presente Sezione e nella successiva sono, per i limiti del presente manuale, ridotte. Per analisi più approfondite sulle risorse, sulla pianificazione in Project e sulla formula di programmazione, si rimanda il lettore alla manualistica di settore. Nello specifico si indicano, ma senza pretesa di esaustività, i seguenti Autori:

- (Stover, Microsoft Project 2010 Inside Out, 2010)
- (Marmel, Microsoft Office Project 2007 Bible , 2007)
- (Biafore, Microsft Project 2013, The missing Manual, 2013)
- (Johnson, Microsoft Project 2010 passo per passo, 2010)
- (Johnson, Microsoft Project 2013, Step by Step, 2013)

xvi Per assegnazione, come sopra detto, si intende il collegamento esistente tra un'attività ed una risorsa che esegue un lavoro.

xvii Questione che non si pone per le attività con programmazione manuale.
xviii Si tratta di una modifica verificatasi a partire dalla versione 2007 di Project. In precedenza, invece, l'impostazione predefinita era proprio quella relativa alla programmazione basata sulle risorse.

xix Attività relativa al progetto "Piano per aziende start up", uno dei modelli presenti in Project 2013